AF453838

CATALOGUE

DES DIFFÉRENS OBJETS
DE CURIOSITÉS
DANS LES SCIENCES ET ARTS,

Qui compofoient le Cabinet de feu M. le Marquis DE MENARS, Commandeur des Ordres du Roi , Confeiller d'Etat ordinaire d'Epée , Lieutenant - Général des Provinces de Beauce & d'Orléanois, Directeur & Ordonnateur - Général des Bâtimens du Roi , Jardins , Arts , Académies , & Manufactures Royales ; Capitaine - Gouverneur du Château & de la Ville de Blois.

Par F. BASAN & F. Ch. JOULLAIN.

Dont la Vente s'en fera vers la fin de Février 1782 , en fon Hôtel, Place des Victoires ; & fera annoncée dans les Papiers publics.

Le préfent Catalogue fe diftribue à PARIS,

Chez { Le fieur BASAN, rue & Hôtel Serpente.
Le fieur JOULLAIN, Quai de la Megifferie.
PRAULT, Imprimeur du Roi , Quai des Auguftins.

M. DCC. LXXXI.

Messieurs les Amateurs font priés d'obferver que la plus grande partie des objets contenus au préfent Catalogue provient de la fucceffion de Madame la Marquife de Pompadour, très-connue par fon difcernement & fon goût pour les Arts.

Les fieurs BASAN & JOULLAIN fe chargeront des commiffions, s'en acquitteront avec toute l'exactitude poffible, & à la fatisfaction des perfonnes qui les honoreront de leur confiance.

B. L. Prevost S.

AVANT-PROPOS.

S'il eſt de notre devoir de nous conformer à l'uſage établi de donner une courte notice de la vie des Amateurs dont nous mettons les Collections en vente, ce doit être principalement lorſqu'il eſt queſtion d'une perſonne dont le nom ſera célebre pour avoir été le protecteur des Arts & l'ami des Artiſtes. Nous avons cru ne pouvoir mieux faire que de reprendre ce que M. Cochin en a dit dans le Journal de Paris du premier Juin 1781. Où trouverions-nous des ſecours plus certains que ceux qui nous font fournis par un Artiſte qui lui étoit attaché par la plus vive reconnoiſſance, & qui ne l'a point perdu de vue pendant trente-deux années ?

M. Abel-François Poisson, Marquis de Ménars & de Marigny, eſt le protecteur qui excite maintenant nos regrets. C'eft fous le nom de MARIGNY, qu'il a illuftré, que nous en parlerons. Il fut admis à la Cour, dès l'âge de vingt ans, fous les aufpices de Madame la Marquife de Pompadour, fa fœur. M. le Normand de Tournehem ayant été nommé à la place de Directeur-général des Bâtimens du Roi, M. DE MARIGNY (alors portant le nom de VANDIERES) fut défigné à fa furvivance. Il avoit acquis des connoiffances affez approfondies dans la Géométrie, & avoit étudié les élémens de l'Architecture.

Pour perfectionner ces difpofitions, on jugea très-utile au bien de ces Arts qu'il étoit appellé à diriger, qu'il fît un voyage en Italie où font raffemblés leurs principaux chef-d'œuvres. Afin de rendre cette étude fructueufe, il jetta les yeux fur M. Soufflot, Architecte déjà célebre, pour l'emmener avec lui. Cet Artifte, ami de M. Cochin Deffinateur eftimé, & inftruit du defir ardent qu'il avoit de voir l'Italie, le propofa à M. DE VANDIERES, qui l'accepta, & y joignit M. l'Abbé Le Blanc, Homme de Lettres, à qui l'on accordoit des connoiffances dans les Arts. Il partit en Décembre 1749; & après avoir vu avec attention toutes les Villes qui contenoient quelque chofe de curieux, dont ces Artiftes lui faifoient obferver les principales beautés, il revint à Paris en Septembre 1751.

Aidé de leurs lumieres, il acquit une véritable connoiffance de ce qui conftitue l'excellence de ces Arts. Cependant, loin de fe livrer à cette confiance dont tant d'autres moins éclairés abufent pour prendre un ton tranchant, il ne porta jamais de décifion fans avoir confulté plufieurs Artiftes, à qui il avoit accordé fa confiance, & particuliérement fes compagnons de voyage qu'il appelloit fes yeux.

a iij

Peu après fon retour en France ,
M. de Tournehem mourut, & il lui
fuccéda dans la place de Directeur-
général des Bâtimens du Roi. Appuyé du crédit de Madame de Pompadour, il eut lieu d'efpérer de rendre
un nouvel effor aux Arts. En effet ,
cette Dame les aimoit, accueilloit les
Artiftes, & leur facilitoit l'accès auprès
du Trône. Mais bientôt une guerre
cruelle fufpendit en partie les effets de
leur zele. Prefque tout le temps de la
geftion de M. DE MARIGNY fut troublé
par cette guerre & par les fuites qu'elle
eut même après la paix; ainfi il ne fit
pas tout le bien qu'il eût defiré , mais
on ne peut difconvenir qu'il fit tout
celui qui fe trouva en fon pouvoir.

Les graces & les bienfaits du Roi
furent diftribués de la maniere la plus
judicieufe. Il augmenta les Tableaux
d'Hiftoire, & en ordonna pour la Manufacture des Gobelins , moins pour le

beſoin qu'elle en avoit, que pour entretenir & ſoutenir la Peinture de l'Hiſtoire , toujours prête à dégénerer en France par le défaut d'occaſions de travailler pour le Public dans ce genre. Il ordonna auſſi des Statues, pour le maintien de la Sculpture ; enfin, on peut dire que l'époque de ſon retour d'Italie eſt celle du renouvellement du bon goût de l'Architecture.

On ne doit pas cependant attribuer à lui ſeul cette heureuſe révolution ; elle eſt ſans doute principalement dûe aux bons exemples & aux conſeils de M. Soufflot, & de pluſieurs Architectes, alors penſionnaires à Rome, dont les yeux s'étoient ouverts ſur les beautés de l'antique & de l'Architecture du beau ſiecle de Louis XIV. Mais comme M. DE MARIGNY continua avec exactitude d'envoyer les Eleves ſe former à Rome, il contribua à maintenir cette efferveſcence qui a produit de ſi heureux effets ; d'ailleurs on ne peut ignorer combien l'encouragement que donnent les Supérieurs éclairés , en n'applaudissant qu'aux ouvrages de bon goût, influe sur le progrès de l'Art.

Il appella de Lyon M. Soufflot, pour le nommer Contrôleur des Bâtimens du Roi, & le charger de la construction de l'Eglise de Sainte - Genevieve ; & c'est à ce choix judicieux que nous devons ce chef-d'œuvre d'Architecture.

En 1755 , le Roi honora M. le Marquis DE MARIGNY du Cordon Bleu & de la Charge de Secrétaire-Commandeur de ses Ordres ; ce qui le mit à portée d'augmenter les encouragemens donnés aux Ars , & d'obtenir du Roi, en faveur de plusieurs Artistes qu'il honoroit de son estime , le Cordon de Saint Michel : il en gratifia M. Soufflot, M. Cochin , M. Pierre, M. Pigalle , & quelques autres.

En 1762 , M. DE MARIGNY obtint

du Roi la nomination de M. Carle Vanloo à la place de premier Peintre du Roi. Ce fut à cette occafion qu'ayant préfenté M. Vanloo à Monfeigneur le Dauphin en qualité de premier Peintre : *Il y a long-temps qu'il l'eft*, dit Monfeigneur le Dauphin ; réponfe auffi obligeante que glorieufe pour M. Vanloo. Après la mort de ce célebre Artifte, M. DE MARIGNY fit élever à cette place M. Boucher, à qui M. Pierre a fuccédé.

M. DE MARIGNY avoit conçu plufieurs projets avantageux aux Arts & à l'embelliffement de Paris , que la difficulté des temps l'empêcha de mettre à exécution. Cependant il fit achever une partie affez confidérable du Louvre; & c'eft à lui qu'on doit ce guichet fi néceffaire, & qui a pris fon nom, qui perce de la place du Carroufel fur le quai du Louvre. Ce projet vint de lui feul, & ne lui fut point fuggéré. Il fut lever les obstacles qui s'y opposoient, & eut de plus l'adresse d'y maintenir deux passages pour les gens à pied.

Ce fut aussi de son propre mouvement, qu'après avoir vu & admiré la belle figure de Vénus que M. Coustou avoit faite pour le Roi de Prusse, il jetta les yeux sur cet Artiste pour le charger de l'exécution du Tombeau de Monseigneur le Dauphin Pere de Sa Majesté; & c'est à cette connoissance du vrai mérite que nous devons ce beau monument, qui a été placé à Sens, & que nous regrettons de ne pas voir dans la Capitale.

A la retraite de M. le Comte de Bafchi, M. DE MARIGNY fut élevé à la dignité de Conseiller d'État d'Épée. Au commencement de 1773, ayant éprouvé quelques dégoûts, il supplia le Roi d'accepter sa démission de la place de Directeur-général; ce que le Roi refusa d'abord. Mais six mois après, ayant perfifté dans fa demande , elle fut accordée ; le Roi lui en conferva tous les honneurs & même le titre , & lui accorda plufieurs autres avantages. Cette place fut réunie au Contrôle-général , alors rempli par M. l'Abbé Terray. A fa mort, elle en a été féparée, & confiée à M. le Comte d'Angivilliers, qui la remplit avec dignité, & fe montre le véritable protecteur des Arts & des Artiftes.

M. le Marquis DE MARIGNY , depuis plufieurs années, étoit tourmenté d'une goutte vague qui l'avoit forcé de fe mettre au régime du lait. Vers la fin de 1780 , il fut attaqué de fievres continues , & d'une maladie violente , qui, jointe à la goutte remontée , a terminé fa vie à l'âge de cinquante-quatre ans le 10 Ma 1781.

Sa mémoire fera confervée précieufement dans l'Hiftoire des Arts , & eft honorée des regrets des Artiftes qu'il a toujours traités plus en ami qu'en fupérieur.

TABLE DES MATIERES

Contenues au préfent Catalogue.

TABLEAUX.

TABLEAUX

Rangés par ordre alphabétique
DE MAITRES.

BACHELIER. (N.)

N° 1. DEUX Payfages, où font repréfentés les Portraits de très-jolis Chiens : dans l'un, on voit une Chienne caniche blanche, tondue, joüant avec un Epagneul noir ; dans l'autre, un Caniche blanc moucheté de noir, avec un Epagneul noir marqué de quelques coups de feu. Sur toile, de forme ronde de 23 pouc. de diamètre.

2 Un Tableau de fleurs & fruits éclairés par l'effet d'une bougie allumée. Il repréfente un panier rempli de Pêches & de Raifins, pofé fur une table : autour de l'anfe du panier eft une Rofe & plufieurs autres Fleurs liées d'un ruban bleu ; on voit de plus fur la table une Poire, une Pomme & du Raifin. Il a été peint en 1760, & fait honneur à fon Auteur. T. 24 pouc. fur 18 de haut.

A

3   Un Coq - Perdrix , tué près de Saint-Ouen en 1757 par M. le Marquis de Marigny : on le voit pendu par une patte à un clou , fur un fond imitant la planche de fapin.

B A C H U Y S E N. (Ludolf)

4   Deux Marines faifant Pendans : dans l'une on voit plufieurs Bâtimens Marchands Hollandois , ainfi que diverfes Chaloupes fervant à tranfporter des Paffagers ; fur la gauche, dans le fond , eft une Maifon couverte en tuiles , entourée d'arbres. Dans l'autre on voit dans le fond la ville de Rotterdam , près de laquelle eft un grand Vaiffeau à trois mâts ; & fur le devant, un Yacht avec une grande voile déployée & une chaloupe remplie de différentes figures. T. 21 pouc. fur 16 de haut.

B A M B O C H E. (Pierre)

5   Un Payfage , fur le devant duquel on voit un Rocher élevé , plufieurs Animaux & Figures au bord d'une riviere , parmi lefquels on diftingue un Cavalier monté fur un cheval blanc , & qui le fait boire. B. 25 pouc. fur 22 de large.

B E R G H E M. (Nicolas)

6   Un Payfage mêlé de Ruines ; le fite en eft très-intéreffant & la couleur argen-

tine. Il repréſente une Vue de *Ponte-Mole*, ornée de différens grouppes de Figures & Animaux, parmi leſquels on diſtingue un Payſan à cheval, vu par le dos ; il eſt vêtu d'une caſaque de peau de mouton, & accompagné de deux hommes à pied. Ce Tableau eſt un des plus précieux & des plus vigoureux de ton de ce Maître. Toile, de 28 pouc. de large ſur 22 de haut.

7 Autre Payſage, Vue d'un Bois touffu, orné ſur le devant de douze différentes Figures & Animaux, parmi leſquelles on remarque une Payſanne aſſiſe, tenant un enfant ſur les genoux, & près d'elle un homme jouant de la vielle. B. 14 pouc. ſur 12 de haut.

8 Autre Payſage très - pittoreſque avec de hautes Montagnes dans le fond, & ſur le devant pluſieurs grouppes de Figures & Animaux ; entr'autres un Payſan vu par le dos, monté ſur un âne ; il conduit des Vaches & autres beſtiaux : au côté oppoſé on y voit un troupeau de moutons & un jeune Pâtre qui court avec un bâton dans ſa main droite. Il regne dans ce Tableau un ton de couleur chaud & très-vigoureux, la touche en eſt ſpirituelle & légere ; il eſt du meilleur temps de ce célebre Artiſte. B. de 2 pieds ſur 16 pouc. de haut.

9 Une vaſte Campagne ſur un beau ciel, ornée d'un groupe intéreſſant de différentes Figures & Animaux : on y diſtingue

une Femme debout, portant fur fa tête un panier rempli de légumes , & deux autres Femmes occupées à traire une Vache & une Brebis ; la touche en eft vigoureufe & l'effet très - piquant. B. de 12 pouc. fur 9 de large.

B o u c h e r. (François)

10   Le petit S. Jean à genoux aux pieds de l'Enfant - Jefus en acte d'adoration. Ce charmant Sujet , de la couleur la plus agréable , eft de forme ovale. T. de 18 pouc. fur 15 de large.

11   Les Saifons en quatre Tableaux faifant Pendants. Ces Sujets font connus par les Eftampes qu'en a gravé Daullé. Deux de ces Tableaux font des Paftorales ; l'Eté y eft repréfenté par un bain de femmes , & l'hiver par une Dame en robe bordée de poil , affife dans un traineau pouffé par un Tartare. T. 27 pouc. fur 20 de haut.

12   Le Fleuve Scamandre , Sujet très-agréable repréfentant une Femme nue dans l'attitude de la furprife en appercevant un homme à travers des rofeaux. Ce Sujet a été gravé par Daulé , fous le titre de *La Boigneufe furprife.* T. 21 pouc. fur 13 de large.

13   Un Sujet Paftoral dans un Payfage : on y voit une Payfanne endormie & réveillée avec un brin de paille que lui

passe sous le nez un Payfan ; plusieurs
Moutons & un Chien font près d'eux.
Ce Sujet est connu par l'Estampe qu'en
a gravé le sieur Gaillard. T. 28 pouc.
sur 25 de large.

14   Deux Tetes de femmes faites au pastel,
dont une vue de face, appuyée sur un
couffin ; l'autre de profil, aussi sur un
couffin : cette derniere paroît endormie.
Sous verres, de 15 pouces sur 12 de
large.

15   Une autre Tête de femme charmante,
aussi au pastel ; elle est vue de trois quarts
avec bouquet à son côté, les cheveux attachés avec un grand ruban. Sous verre,
de 15 pouc. sur 12 de large.

16   La meme Tête, fous glace, exécutée
en tapifferie à la Manufacture Royale
des Gobelins ; par N. Cozette, de 16
pouc. sur 13 de large.

17   Deux jeunes Filles affifes fur un gazon
attachant une lettre au col d'une Colombe ; elles font entourées de plusieurs
Moutons & d'un Chien, fur un fond
de Payfage agréable & pittorefque : on
en connoît l'Estampe par Ouvrier. Ce
Tableau est peint fur toile de 2 pieds
& demi fur 27 pouc. de large.

18   Vénus, Protectrice des Arts, paroît
instruire l'Amour : on y voit une Lyre
& divers attributs des Arts. Sur toile
de forme ronde de 3 pieds de diamètre.

Suite de Boucher.

19 La Toilette de Vénus. Cet Artiste, qui avec juste raison a été nommé le Peintre des Grâces, a développé dans ce Sujet tous ses talens & la fécondité de son génie : en effet, rien de plus agréable que ce Tableau ; la Déesse y est assise & environnée d'Amours qui folâtrent autour d'elle ; une Cassolette, des Vases & autres ornemens de toilette enrichissent cette charmante composition. Sur T. de 3 pieds 4 pouc. sur 2 pieds 6 de large.

20 Autre agréable Composition représentant Vénus désarmant l'Amour ; elle est sur un nuage, & l'Amour près d'elle à genoux la supplie de lui rendre ses armes, qu'elle tient à sa main droite : on en connoît l'Estampe gravée par Fessard. Il auroit été à desirer qu'il eût mieux rendu ce charmant Tableau de forme ovale. T. 3 pieds 6 pouc. sur 2 pieds 8 pouc.

21 Vénus au bain, Composition aussi intéressante que les précédentes. La Déesse est représentée dans un fond de Paysage des plus rians ; elle est accompagnée de deux Amours, & tient son fils dans ses bras, qui semble craindre l'eau où elle paroît le vouloir baigner. Sur toile de 3 pieds 4 pouc. sur 2 pieds 6 de large.

22 Vénus & l'Amour endormis près d'un rosier fleuri ; deux Amours soutiennent une draperie au-dessus d'eux. Ce Sujet

agréable est de forme ronde de 3 pieds
& demi de diamètre.

23   Une Femme nue , & couchée sur un
sopha avec de gros oreillers d'étoffe de
soye. Ce Sujet est connu par l'Estampe
qu'en a gravé Demarteau ; sur toile, de
27 pouc. sur 22 de haut.

24   Vénus commande à Vulcain des armes
pour Énée. Cette Déesse se voit sur un
nuage accompagnée de Nymphes & d'A-
mours, dont plusieurs s'amusent avec un
casque : dans le fond est l'antre des Cyclo-
pes. Cette charmante Composition, pleine
d'esprit & de feu, a été exécutée en tapisserie pour Madame de Pompadour. T.
de 16 pouc. en quarré.

25   Le Portrait d'une Dame en pied , vêtue
d'une robe de taffetas garnie en gaze ;
elle est dans un bosquet , le bras droit
appuyé sur un piedestal qui porte une
figure de femme assise , & arrêtant l'A-
mour qui veut l'embrasser. T. 3 pieds sur
2 de large.

BOURGUIGNON. *ou* Jacques Courtois, dit (le)

26   Une Bataille de Cavaliers Turcs & autres : sur le devant on voit un des Com-
battans le sabre à la main. Ce Tableau
est d'une touche très-favante. T. 13 pouc.
sur 9 de haut.

27   Autre Bataille : on y voit au milieu un
Turc monté sur un cheval blanc, & por-

tant un drapeau , que tâchent de lui enlever deux Soldats qui le menacent du fabre. Ce Tableau, très-grassemen peint, est rempli de feu. T. 11 pouc. sur 9 & demi de haut.

B R A U W E R. (Adrien)

28 L'Intérieur d'une maison de Payfan , où l'on voit dans le fond un homme & une femme afis auprès d'une table : fur le devant, un Chaudron & plufieurs Vafes de terre pofés fur un banc. La touche en eft fpirituelle. B. 9 pouc. fur 7 de haut.

C H A R D I N. (Simon)

29 Une Dame aflife dans fon appartement; elle joue de la ferinette pour inftruire un ferin qui eft dans une cage pofée fur un gueridon : au côté oppofé on voit un Métier à tapifferie. Ce Tableau , l'un des capitaux de ce Maître , eft connu par l'Eftampe qu'en a gravé L. Cars ; il eft fur T. de 19 pouc. fur 16 de large.

30 Deux autres Tableaux faifant Pendants; une Servante qui écure un poëlon , & un Garçon Marchand de vin occupé à rincer un broc. Ils ont été gravés par Cochin pere. T. h. 16 pouc. 6 lig. larg. 13 pouc. 6 lig.

C O Y P E L. (Charles)

31 Jeux d'enfans à la toilette. Cette Compofition agréable, dans laquelle on compte

dix Figures , est connue par l'Estampe qu'en a gravé Lepicié : la gaieté & la satyre des modes de ce temps - là ont présidé à cette Composition. T. 30 pouc. sur 24 de haut.

32   Deux glaces de forme ovale , sur lesquelles sont peints en bustes une jeune fille & un jeune garçon , de 30 pouc. de haut sur 24 pouc. de large.

DE FLOTTE (Officier de Marine.)

33   Deux Ports de Mer enrichis de Ruines & Architecture de Villes fortifiées , ornés d'un grand nombre de Figures & de Vaisseaux. T. 27 pouc. sur 22 de haut.

DE HEEM. (Jean)

34   Deux Tableaux faisant Pendants ; l'un représente une table couverte d'un tapis , sur lequel est une jatte remplie de différens Fruits & Fleurs ; derriere , une boîte , sur laquelle est un Homard & quelques Pêches ; à côté deux vidrecomes , ou grands verres. Les morceaux de ce Maître , aussi considérables que celui ci , sont très-rares : le Pendant n'est pas moins intéressant ; il représente un grand Vase de verre posé sur une table, & rempli de différentes belles fleurs, Pavôts, Tulippes, Roses, &c. supérieurement grouppées. Ces deux Tableaux , précieux dans leur genre , sont sur toile

de 2 pieds 8 pouc. fur 28 pouc. de larg.

D E T R O Y.

35   Betzabée fortant du bain , charmante Compofition d'un grand effet : on y compte fept Figures de femmes toutes occupées. Le fond eft orné d'un riche Payfage mêlé d'Architecture : on y voit David à une fenêtre de fon Palais. T. de 4 pieds fur 3 de haut.

D R O U A I S.

36   Un jeune Elève Deffinateur , portant deffous le bras un portefeuille , & un chapeau d'Ecolier fur le coin de l'oreille : la tête eft fpirituelle & maligne. Le Pendant repréfente une jeune Fille jouant avec un Chat , & lui donnant des chiquenaudes ; elle a la tête penchée , & couverte d'une efpece de capotte doublée de couleur de rofe, T. de 22 pouc. fur 18 de large.

37   Les deux mêmes Tableaux, fupérieurement exécutés , de même grandeur , en tapifferie à la Manufacture Royale des Gobelins , par Cozette. Ils font fous glaces.

F R A N C E, de Liege.

38   Une Clouterie , ou Forge à clous : on y compte douze Figures, dont huit Forgerons occupés à leur travail , & un

Etranger tenant une Dame par le bras.
Ce Tableau, de l'effet le plus piquant,
ne reçoit de lumiere que du foyer de la
forge. B. 24 pouc. fur 17 de haut.

FRANCK HALS.

39 Un Bufte de femme en chemife, avec
corfet rouge largement peint, & d'un
ton de couleur très-vigoureux ; la tête
riante, fans autre parure que fes cheveux
épars. B. 21 pouc. fur 18 de large.

GERARD DOW.

40 Le Portrait de ce Peintre étant jeune :
la tête, vue de trois-quarts, eft du plus
précieux fini, & eft couverte d'une toc-
que noire & platte, ornée de deux plumes ; il porte un vétement à boutons
d'or, & un collet de chemife à dentelle.
B. 6 pouc. & demi fur 5 & demi.

GIORDANO. (Lucas)

41 Les Noces de Cana, dans le moment
où N. S. change l'eau en vin ; fuperbe
Compofition, où l'on compte dix-huit
Figures vues jufqu'aux genoux, & où
toutes les têtes ont une expreffion admi-
rable : le ton de couleur en eft piquant
& très-vigoureux ; c'eft une de ces pafti-
ches dans lefquelles il contrefaifoit les
grands Maîtres : celle-ci eft une imita-
tion de la maniere de Paul Veronefe. Il

eſt peint ſur toile de 3 pieds 4 pouces
ſur un pied 8 pouc. de haut.

G R E U Z E. (J. B.)

42   L'accordée de Village, Sujet univer-
ſellement connu par l'Eſtampe qu'en a ſi
bien gravé le ſieur Flipart, Graveur du
Roi : douze Figures qui entrent dans
cette charmante Compoſition, forment
différens grouppes & attitudes ; les têtes
ont du caractere & beaucoup d'expreſ-
ſion ; chaque figure ſe détache ſupérieurement ſans aucune oppoſition de couleurs trop noires. C'eſt un des premiers
& des plus beaux Morceaux qui a mérité
à cet habile Artiſte la réputation qu'il
s'eſt acquiſe ; il eſt peint ſur toile, de
3 pieds & demi ſur 2 pieds 9 pouc.

43   Deux charmans Morceaux à mi corps
faiſant Pendants : l'un repréſente une
jeune Fille dont la tête eſt d'un caractere agréable & plein d'ingénuité ; elle
fixe avec attention ſes regards ſur une
fleur qu'elle tient, & qu'elle éparpille
feuille à feuille, en ſemblant dire, il
m'aime, il ne *m'aime pas* ; elle eſt coïffée
en cheveux négligemment noués d'une
bandelette rouge, & eſt vétue en chemiſe & corſet blanc : elle porte au bras
un chapeau de paille dans lequel il y a
quelques fleurs.

Le Pendant, qui n'eſt pas moins in-

téreſſant , repréſente un jeune Garçon en
chemiſe avec une eſpece de camiſolle
rougeâtre ſans manches ; il porte au bras
droit un panier de fleurs , & en tient une
vulgairement appellée *la chandelle* : il eſt
prêt à ſouffler deſſus , & ſemble la fixer ,
en diſant , *l'a-t elle ou ne l'a-t-elle pas ?* Ces
deux Tableaux , de forme ovale , ſont ſur
T. de 27 pouc. ſur 24 de large , & ſuffi-
roient ſeuls à la réputation de leur Auteur.

G R I M O U.

44 Le Buſte d'un jeune homme avec chapeau & fraiſe ; il porte la main gauche à
ſon eſtomac. Tableau d'un effet très-piquant , ſur toile de 28 pouc. ſur 23 de
large.

G U E R I N.

45 Une Dame aſſiſe ſur un grand ſopha
dans un riche appartement , tenant de la
main gauche un livre , & de l'autre ca-
reſſant un petit Chien : près d'elle , ſur
un tabouret , eſt auſſi aſſiſe une jeune
Demoiſelle qui tient une cage & un oi-
ſeau ſur le doigt ; à terre ſont divers por-
tefeuilles de Deſſins , &c. Ce Sujet , peint
à l'huile comme de la miniature , eſt ſous
verre , & porte 12 pouc. ſur 9 de large ;
il eſt orné d'une riche bordure avec guirlandes.

46 Deux autres petits Sujets, par le même:
l'un repréſente une Dame en habillement
du matin ; elle écrit une lettre ſur ſes
genoux : près d'elle eſt un petit Enfant
jouant avec un Chien. Le Pendant repréſente une autre Dame aſſiſe faiſant
lecture d'une lettre ; elle a à ſes pieds
un enfant qui s'amuſe avec un ruban. Sur
T. de 16 pouc. ſur 4 de large.

HUYSMANS, de Malines.

47 Deux Payſages faiſant Pendants ; ils ſont
très-pittoreſquement traités , d'un effet
piquant, & ornés de pluſieurs Figures
& Animaux : dans l'un on voit un homme
vu par le dos marchant avec un bâton,
& un autre qui parle à un homme à cheval. T. 15 pouc. ſur 12 de haut.

KALF.

48 L'Intérieur d'une Maiſon de Payſan très-
pittoreſquement ornée de Chaudrons ,
Légumes, &c. Dans le fond eſt une cheminée, où l'on voit une femme qui ſe
chauffe, & un homme qui porte un panier rempli de bois : l'effet en eſt piquant
& la touche ſpirituelle. Sur bois, de 8 pou.
ſur 7 de haut.

KARLE DU JARDIN.

49 Un Sujet agréable & très-gai, compoſé

de dix figures de Payfans qui s'amufent à chanter & danfer : fur le devant eft un Enfant vu par le dos, & près de lui un homme vêtu d'une vefte rouge dans une attitude danfante. C. 8 pouc. de diamètre. Ce Tableau fort du Cabinet de M. Poullain, & fe trouve dans le Recueil compofé de cent vingt Planches que vient d'en faire graver le fieur Bafan, & qui fait fuite au volume du Cabinet de M. le Duc de Choifeul.

LAGRENÉE l'aîné. (N.)

50   Un Grouppe de trois femmes au bain, au bord d'une Riviere, à l'ombre d'un Bois touffu : la principale Figure eft aflife, & vue de face; derriere elle, une autre, couchée fur le dos, femble vouloir attraper une colombe; la troifieme eft derriere, vue par le dos. Cette charmante Compofition réunit tous les talens connus à ce célebre Artifte qui illuftre notre École ; & c'eft un des plus précieux Tableaux qu'il ait produit : la Figure qui eft dans la demi-teinte, eft du coloris le plus vrai. T. 26 pouc. fur 21 de haut.

LA HIRE. (Laurent de)

51   Les Enfans tués par les Ours, pour avoir infulté le Prophete Elifée.

Un riche Payfage orné d'Architecture

où l'on voit les veſtiges d'une Galerie antique , pluſieurs grouppes de Figures ſavamment diſtribuées , enrichiſſent cette Compoſition : ce ſont les meres déſolées de ces malheureux enfans , qui ſe diſpoſent à emporter leurs corps morts. Sur le devant , deux femmes cherchent à en ſecourir une évanouie par l'excès de la douleur.

Ce Tableau eſt du plus beau ton de couleur poſſible ; le Deſſin en eſt de la plus grande pureté ; & tout , Figures, Draperies , Payſage , Architecture , eſt du fini le plus précieux & le plus ſpirituel.

Les Figures portent un pied de proportion ; ce Tableau porte 4 pieds de large ſur 3 de haut. T.

L E B R U N. (Charles)

52 Un Enfant nu & aſſis , tenant une guirlande de fruits : ce morceau a été enlevé & remis ſur toile de deſſus une pierre qui faiſoit partie du grand eſcalier des Ambaſſadeurs à Verſailles , lequel eſt maintenant détruit. ſur T. 26 pouc. ſur 23 de large.

53 Deux autres morceaux du même eſcalier, auſſi enlevés & remis ſur toile de même grandeur que le précédent : ils repreſentent un buſte d'Officier Hollandois, & un autre dans le coſtume Eſpagnol ,

tenant

tenant de la main gauche une lunette
qu'il pose sur son nez : ils sont connus
par les Estampes qu'en a gravé Surugue.

L é p i c i é. (N.)

54 Deux très-beaux Tableaux faisant pendants, & d'un intéret singulier par la
multitude de figures qui les ornent : l'un
représente l'intérieur d'une Douane ; on
y voit arriver un coche , & une grande
voiture chargée de ballots, attelée de six
chevaux ; du côté opposé est un angard
où l'on pese les marchandises : sur le
devant, divers ballots que fait ouvrir un
Commis pour les visiter ; plusieurs autres
groupes de figures non moins intéres-
santes enrichissent ce charmant Tableau
peint sur T. Il a 5 pieds de long sur 3
de haut.

Son pendant représente un jour
de marché dans une Halle : chaque coin
du Tableau y fourmille de différents per-
sonnages analogues ; sur le devant, diverses Marchandes de Légumes ont étalé
par terre leurs marchandises, & reçoivent
les offres de plusieurs Bourgeoises qui
leur en marchandent : près d'elles, on
voit une autre Marchande & un Paysan
qui veut caresser une Poissarde qui a devant elle un éventaire sur lequel il y a
diverses choses qu'elle vend : au côté
opposé est une charrette attelée de deux

B

chevaux & couverte d'une banne ; enfin ; trente autres grouppes plus intéreſſants les uns que les autres enrichiſſent la compoſition de ce Tableau dans lequel on voit avec plaiſir & ſatisfaction la fécondité de génie de l'Artiſte qui en eſt l'Auteur. Ces Tableaux ſont de l'exécution la plus précieuſe & d'une touche très-ſpirituelle. Ils ont appartenu à M. l'Abbé Terray.

M o l e.

55 Jupiter & Léda dans un fond de Payſage. Ce Dieu métamorphoſé en cygne eſt careſſé par Léda aſſiſe ſur un lit près duquel eſt un vaſe rempli de fleurs. Ce Tableau, très-vigoureux de couleur, eſt du plus bel accord, & peint ſur T. de 18 ſur 14 de h.

Momper , avec figures de Franck.

56 Un riche Payſage avec montagnes & lointains, orné de beaucoup de figures & animaux : on y voit un grand ſouterrain voûté où eſt une chapelle d'où ſort une longue proceſſion de Pélerins & d'Hermites ; & ſur le devant une écurie à jour couverte de chaume avec pluſieurs animaux dedans. Ce Tableau a beaucoup d'effet, & eſt intéreſſant par la quantité de ſes figures dont les principaux grouppes intéreſſent par leur variété. Il eſt peint ſur cuivre de 3 pieds 8 pouc. de

arge fur 2 pieds 8 pouces de haut.

Metzu. (Gabriel)

57 L'Intérieur d'une Chambre Hollandoife où fe voit un homme affis, jouant de la baffe; une femme debout, qui defcend des degrés, lui préfente la Gazette : dans le fond eft un homme appuyé fur une croifée, & au bas de l'efcalier un chien noir & blanc. Ce Tableau, fupérieur par le ton de couleur, eft digne de ce Peintre célebre. T. 22 pouc. fur 17 de large.

Mieris le vieux. (François)

58 Le Portrait de ce Peintre, le corps enveloppé d'un manteau, tenant fa palette de la main gauche. La tête eft vue de trois quarts, & couverte d'un bonnet de velours : il a le bras droit appuyé fur une baluftrade de pierre : dans le fond on voit un chevalet. Ce précieux Tableau eft du meilleur temps de ce Maître. B. 6 pouces & demi fur 5 pouces.

Monpetit. (N.)

59 Un Payfage agréable où l'on voit une pyramide au bas de laquelle font attachés deux Médaillons. Sur le piedeftal, l'Amour y écrit cet arrêt :

> On aimera comme autrefois,
> L'Amour vient de couper fes aîles ;
> On fuivra les antiques loix, &c. &c.

Autour du piedeſtal regne un roſier fleuri, & près du carquois de l'Amour eſt un chien épagneul. T. 15 pouces ſur 12 de large.

60 Autre Payſage où ſe voit le buſte de Louis XV en marbre blanc, autour duquel deux femmes ſont prêtes à poſer une guirlande de fleurs. Ce ſujet eſt exécuté en miniature, à la peinture éludorique. 8 pouces & demi ſur 6 & demi de large.

NATOIRE. (Charles)

61 Une Bacchanale compoſée de ſept figures. Le jeune Bacchus eſt aſſis près d'une cuve remplie de raiſins : un homme qui eſt nu dans cette cuve, lui preſſe une grappe de raiſins ſur la tête. T. 17 pouc. ſur 13 de haut.

62 Une Vue de Rome où l'on voit le Temple de Bacchus ; & ſur le devant quatre Veſtales portant ſur leurs épaules la Prêtreſſe , & pluſieurs autres qui en précedent la marche : ſur C. 21 pouces ſur 14 de haut.

63 La Jeuneſſe & l'Amitié, la Paix & la Concorde : ces deux Sujets ſont pendants & ſont repréſentés par des figures de jeunes filles vues à mi corps ; de forme ovale. 24 pouces ſur 20 de large.

64 L'Éducation de l'Amour ; belle compoſition de quatre figures : de forme ovale, ſur toile de 27 pouces ſur 23 de large.

65   Jupiter métamorphofé en cygne, vient
carefler Léda, & laifle fon aigle perché
fur une branche d'arbre, s'amufer avec un
Amour. Tableau fur toile de 27 pouces
fur 23 de haut.

66   Deux Sujets faifant pendants , repréfentant des Fleuves fous les figures d'un
homme & d'une femme accompagnés
chacun d'un enfant: Tableaux fur toile de
2 pieds & demi fur 2 pieds de large.

O s t a d e. (Adrien van)

67   Deux Sujets faifant pendants. L'un repréfente un Médecin aux urines , affis
dans un grand fauteuil, devant une table
couverte d'un tapis , & fur laquelle eft
un livre ouvert: l'autre , une Cuifiniere
écaillant un poiffon fur une table ; la tête
eft agréable, & vue prefque de face. Ces
deux Tableaux, d'une touche favante,
font datés de l'année 1665. B. 10 pouc.
& demi fur 8 & demi de large.

68   Un Sujet fupérieurement rendu en tapifferie par le fieur Cozette à la Manufacture Royale des Gobelins, repréfentant une Femme Hollandoife tenant fon
enfant dans fes bras, & appuyée fur le
bas de la porte de fa maifon. Le Tableau capital de ce Maître a fait partie
du célebre Cabinet qu'avoit Monfieur le
Duc de Choifeul. Ce morceau eft fous
glace de 39 pouces fur 30 de largeur.

Ostade. (Iſaac)

69 La Vue d'un Canal Hollandois pendant l'hiver. On y voit un petit pont de pierre ſur lequel paſſe un charriot rempli de figures, & tiré par un cheval blanc : ſur le devant, un homme pouſſe un traîneau ſur la glace : pluſieurs autres grouppes de figures très-intéreſſantes ornent ce Tableau charmant, très-vigoureux de couleur, & un des plus beaux de ce Maître. B. 18 pouces ſur 13 de haut.

Oudry. (J. B.)

70 Une Chienne braque dans ſa loge, couchée ſur de la paille, & allaitant deux petits chiens. T. 26 pouces ſur 22 de haut.

Pannini. (Jean-Paul)

71 Deux ſuperbes Pendants, repréſentant un aſſemblage de diverſes Ruines de l'ancienne Rome. Dans l'un, on y voit ſur le devant la Colonne Trajanne : ſur le ſecond plan, l'Arc de Titus ; & dans le fond, l'extérieur du Coliſée : on voit auſſi ſur le premier plan, divers grouppes de figures faiſant converſation ; & de plus, les Statues des Gladiateurs combattant & expirant.

Le Pendant repréſente le Panthéon, les Statues de l'Hercule Farneſe, & de

Marc-Aurele, ainſi que diverſes autres ruines & grouppes de différentes figures. Ces deux Tableaux, très-vigoureux de couleur & du plus rare mérite, ſont peints ſur T. de 4 pieds 2 pouces ſur 3 pieds de haut.

Parrocel d'Avignon. (Joſeph)

72   Deux Sujets militaires. Dans l'un, on voit au milieu une riviere qui ſerpente : ſur le devant, deux Cavaliers endormis à côté de leurs chevaux ; un Palfrenier qui fait boire deux chevaux : ſur le ſecond plan, un grouppe de pluſieurs arbres ſur leſquels on a jetté une grande banne pour couvrir une table de ſept Officiers qui mangent ; ils ſont entourés de pluſieurs Valets qui les ſervent. Dans l'autre, on voit ſur le devant les triſtes reſtes d'un Combat, & pluſieurs Officiers à cheval qui donnent l'ordre pour tranſporter les bleſſés : dans le lointain, on apperçoit un vieux fort ſur une éminence. Ces deux Tableaux ſont très-chauds de couleur, & d'un effet très-piquant. T. 21 pouces ſur 15 de haut.

Parrocel. (Charles)

73   Deux Sujets de Cavaliers. L'un repréſente une Halte ; & ſur le devant, une femme aſſiſe portant un grand chapeau de paille : l'autre, pluſieurs Figures ef-

frayées d'un coup de tonnerre. Ces Tableaux font d'un coloris vigoureux. B. 10 pouces fur 8 de large.

PARROCEL. (J. J.)

74 L'Efquiffe du Plafond de la Comédie à Choify : Thalie, Melpomene & Terpfichore font fur des nuées avec divers grouppes d'Enfants tenant des guirlandes de fleurs. T. 14 pouces fur 11 de large.

PASSARI. (Jofeph)

75 Le Repos en Égypte, dans un fond de Payfage : la Vierge & Saint Jofeph font affis, & l'Enfant Jéfus embraffe fa Mere ; les têtes font remplies de caractere, & ce Tableau a un ton de couleur très-vigoureux. Toile de 21 pouces fur 14 pouces de haut.

PAUL·BRIL, avec figures du CARRACHE.

76 Deux Payfages de forme ronde, ornés de différents grouppes de figures & animaux faits par le Carrache : dans l'un des deux, on voit un troupeau de chevres conduit par deux hommes. B. 12 pouces de diametre.

77 Un joli Payfage pittorefque avec riviere : on voit fur le devant un Payfan qui conduit un âne chargé d'un fac ; & plus loin, un troupeau d'animaux. Il eft peint fur cuivre de forme ovale, dans

une bordure quarrée en ébene avec filets de cuivre doré. 4 pouces & demi fur 3 & demi de haut.

PAUL-VÉRONESE.

78 Un Sujet allégorique repréfentant une Femme debout tenant de la main droite un Sceptre , l'autre appuyée fur une corne d'abondance ; l'Amour eft près d'elle , & tient un rameau d'olivier. T. de forme ronde de 7 pouces de diametre.

PIERRE. (J. B. Marie)

79 L'Enlévement d'Europe ; compofition de dix figures : l'aigle de Jupiter s'y voit fur un nuage. T. 16 pouces en quarré. Ce Sujet a été exécuté en tapifferie pour M. de Marigny.

80 Pfyché éplorée après fa curiofité fe jette dans un fleuve, & en eft retirée par quatre Naïades. Cette charmante compofition eft de forme ovale : de 3 pieds 6 pouces fur 2 pieds 8 pouces de haut.

81 Jupiter métamorphofé féduit la Nymphe Io : elle eft nue, & portée fur un nuage, dans une attitude des plus agréable ; fur toile de 27 pouces fur 22 de large.

POELEMBURG. (Corneille)

82 Le Jugement de Pâris ; Sujet d'une

agréable compofition. Mercure affis , &
vu par le dos préfente la pomme à Vénus qui eft vue de face : l'Amour eft près
d'elle , les mains levées , dans une attitude d'admiration : les Déeffes Pallas &
Junon font du côté oppofé , & un peu
dans la demi-teinte , pour faire briller la
principale figure. B. 10 pouces fur 9.

83　Autre Sujet très agréable, repréfentant
trois femmes nues fortant du bain dans
un beau fond de payfage ; la principale
eft affife fur une draperie jaune : une autre , à genoux devant elle , femble lui
nettoyer le pied. B. 11 pouces fur 9 de
large.

POTTER. (Paul)

84　La Vue d'une vafte Campagne. Sur le
devant, on remarque un tronc d'arbre
près duquel font deux vaches dont une
debout ; près d'elle eft un mouton couché ; & derriere ces trois animaux , une
femme debout a fur fes épaules un
morceau de bois qui foutient au bout
d'une corde deux feaux remplis de lait ;
dans le fond eft une chaumiere. Ce Tableau , plein de vérité & d'efprit , eft de
la meilleure touche du Maître ; fur B.
18 pouces fur 14 de haut.

85　Un Payfage mêlé de ruines au bord
d'une riviere où l'on voit un Cavalier
qui y fait boire fon cheval deffous une

grande arche de pierre. Près de là eſt un Palfrenier monté ſur un cheval blanc moucheté, & en tenant un autre de la main droite. Ce Tableau, clair & brillant de couleur, eſt auſſi de la meilleure maniere du Maître. T. 24 pouces ſur 17 de haut.

86   Un Chien de baſſe-cour debout près de ſa loge où il eſt attaché : la tête noire, & ſe détachant ſur un ciel clair, donne à ce Tableau le plus grand effet. On apperçoit dans le lointain le clocher d'une Egliſe & pluſieurs beſtiaux qui paiſſent dans une prairie. Ce morceau capital, de la plus vigoureuſe couleur & du *faire* le plus large & le plus hardi, eſt connu des Amateurs, & digne de la célébrité de cet excellent Peintre : ſur toile de 4 pieds ſur 3 de haut.

PYNACKER. (Adam)

87   Un ſuperbe Payſage montagneux très-pittoreſque orné de brouſſailles, au milieu duquel on voit un charriot attelé de deux bœufs, & conduit par un Payſan : pluſieurs autres grouppes de figures ornent ce charmant Tableau peint ſur toile de 3 pieds & demi ſur 2 & demi de haut.

88   Une Ruine, Vue intérieure d'une baſſe-cour dont la porte eſt ouverte ; au bas des marches de cette porte, on voit une Payſanne debout avec cotillon rouge,

portant de la main droite un pot au lait de cuivre ; près d'elle eſt une chevre accompagnée de ſon chevreau , & au côté oppoſé eſt un âne que ſe diſpoſe à charger un homme occupé à faire des paquets. Ce Tableau , de la touche la plus ſavante , eſt ſur T. 24 pouces ſur 18 de large.

R A G U E N E T.

89 Deux Vues du Château de Ménard fai-
tes en 1762. Dans l'un , la riviere de Loire , au bord de laquelle eſt ſitué ce Château , eſt ornée de pluſieurs chaloupes remplies de différents perſonnages , ainſi que de pluſieurs bateaux marchands. Dans l'autre , on remarque ſur une grande pe-
louſe , & au bas des murs du jardin , une grande quantité de monde qui s'amuſe à voir tirer un prix. T. 3 pieds & demi ſur 3 pieds.

R A O U X.

90 Une jeune Fille à mi corps , vue par le dos , & la tête de trois quarts ; elle retrouſſe ſon jupon de la main gauche , & tient un bouquet de la droite : ſur T. 26 pouces ſur 19.

R E M B R A N D T.

91 Une Tête de Femme vue de face. Elle eſt d'un caractere très-agréable : ſes che-

veux attachés par derriere de plusieurs
nœuds de pierre de couleur, le col couvert d'un fichu de mousseline sur lequel
pend une chaîne d'or. Elle a pour Pendant une tête de jeune homme couverte
d'un chapeau à grand bord , & portant
autour du col une grande fraise dessus un
habillement noir. Ces deux Tableaux
sont exécutés par le sieur Cozette en
tapisserie à la Manufacture Royale des
Gobelins, & supérieurement rendus ; ils
sont de forme ovale, sous glace de 24
pouces sur 17 de large.

92 Un Buste de femme dont la tête est de
face & couverte d'un chapeau ; la lumiere
n'éclaire que la tête & le dessous du
menton. On attribuoit ce Tableau à
Rembrandt ; mais nous croyons pouvoir
dire avec sûreté que c'est une belle copie
faite par Grimou : sur toile de 28 pouc.
sur 22 de large.

R E S T O U T. (N.)

93 L'Education de l'Amour par Mercure
porté sur un nuage ; Tableau sur toile
de 27 pouces sur 23 de haut.

R O B E R T. (Hubert)

94 Deux Tableaux de Ruines faisant pendants : l'un représente la Vue en perfpective d'une Galerie antique ; sur le devant, une Statue en porphyre , & plu-

fieurs figures à cheval qui paffent au milieu : l'autre , les Veftiges d'un Temple
circulaire où l'on voit une Statue de
femme auffi en porphyre ; plufieurs autres
figures de femmes & d'hommes ornent
ce Tableau. Tous les deux font d'une
touche fpirituelle , & très-vigoureux de
couleur : fur T. de 20 pouces fur 14 de
large.

ROLAND DE LA PORTE.

95   Une Table fur laquelle eft une ferviette ,
un pain , un verre , une grande cruche ,
& quelques livres reliés & brochés : fur
toile. 3 pieds fur 27 pouces de large.

ROSALBA.

96   Le Portrait de Louis XV étant jeune ,
en bufte & cuiraffé, au paftel ; fous glace :
de 15 pouc. fur 13 de large.

ROSLIN. (N.)

97   Le Portrait en pied du Roi de Suede,
orné de fon manteau royal. Derriere lui
eft fon trône. Ce Prince en fit lui-même
préfent à M. le Marquis de Menard pendant fon féjour à Paris : il eft orné d'une
fuperbe bordure , & eft peint fur T. de
4 pieds fur 3 de large.

98   Celui du Roi de Dannemarck , de
même grandeur, auffi donné par le Prince
à M. le Marquis de Menard : il eft cou-

vert du Manteau royal, dans un fond d'appartement très-riche & vaste. La bordure en est aussi très riche.

R U B E N S. (P. Paul)

99 Deux belles Esquisses , savamment touchées, représentant l'une un grouppe de quatre Soldats dans une attitude de pourfuite ; l'autre , un Guerrier formant un faifceau d'armes fur le tronc d'un gros arbre : papier collé fur bois. 13 pouces fur 8 de large.

100 Le Portrait en bufte de Gafton frere de Louis XIII , en cuiraffe couverte d'une écharpe, la tête nue, avec grande fraife autour du col ; d'une touche favante & largement peint : fur T. de 21 pouces fur 18 de large.

R U Y S C H. (Rachel)

101 Deux charmants Tableaux de Fleurs, d'un bel effet & d'un précieux fini ; dans l'un , on voit un grouppe de Rofes de différentes efpeces & couleurs , entouré de pavots & tulypes : dans l'autre on y diftingue une branche de Rofes avec plufieurs boutons , dans le milieu, plufieurs Rofes & Œillets de différentes efpeces. Les Tableaux capiraux de cette Femme célebre font très rares , & ces deux-ci peuvent être regardés comme tels. Ils font fur toile de 25 pouces fur 18 de large.

Ruysdael. (Jacques)

102   Deux Marines faifant pendants, peintes
de ce beau ton argentin qu'on recherche
dans ce Maître ; l'une eft une vue au
bord de la mer du Village de Scker-
ving près de la Haye. On en voit dans
le fond le clocher & quelques maifons.
Plufieurs grouppes de figures de femmes & autres, faits de la main de van
Velde, ornent ces deux Tableaux. Dans
l'autre, on y voit fur le devant un
grand chemin au pied d'une montagne ;
& dans le lointain, la Vue d'un Village
au bord de la mer. Ces Tableaux ont
fait partie du célebre Cabinet de Monfieur le Duc de Choifeul. Ils font fur
T. de 2 pieds fur 18 pouces de haut.

Steenwick.

103   Deux Tableaux pendants. L'un repréfente l'Intérieur d'une Eglife ; & fur
le devant, deux chapelles dont les pa-
rements font couverts d'étoffe rouge,
& près d'une baluftrade une femme à
genoux aux pieds d'un homme. L'autre
repréfente l'Intérieur d'une Prifon éclai-
rée de deux Lampes, & plufieurs Soldats endormis fur les dégrés. Ces deux
Tableaux, très piquants d'effet, portent
7 pouces fur 5 de haut.

Ten-Compe.

T E N - C o m p e.

104   Deux charmantes petites Vues d'Hollande , bordées de canaux, ornées de
figures & bateaux : elles font précieufement terminées dans le genre de vander Heyden. 7 pouces fur 4 & demi de
haut.

T E N I E R S. (David)

105   La Vue d'un Hameau de Flandre où
l'on remarque fur une éminence deux
chaumieres, un lointain clair & montagneux ; & fur le devant, quatre figures de Paylans debout faifant conver-
fation. Ce morceau eft de la touche la
plus fpirituelle : fur bois de 8 pouces de
diametre.

106   Autre Payfage où l'on voit trois chaumieres ; & dans le fond , le clocher
d'un Village : on compte dans ce précieux Tableau huit figures , dont plufieurs fur le devant font occupées à
jouer à la boule. B. 11 pouces fur 9 de
large.

107   Un beau Payfage au bord d'une riviere : on y voit une grande chaumiere
avec une femme dans l'intérieur; un
grouppe de cinq figures fur le devant:
on y diftingue un jeune garçon qui tient
en lefle un grand chien ; un homme
debout, accompagné de deux femmes ,

C

femble donner des ordres à un Jardinier qui eft piès d'eux. T. 6 pieds fur 3 de haut.

TERBURG. (Gérard)

108 Une Dame Hollandoife vêtue d'un manteau de velours bleu bordé d'her-mine, & pinçant une guitare : elle eft affife dans l'intérieur d'une chambre devant une table couverte d'un tapis de Turquie, & fur laquelle eft un homme affis qui paroît l'écouter avec attention. B. 14 pouces fur 12 de large.

TILLIARD.

109 Un Concert champêtre, compofé de fix figures, dans un Payfage très-agréable, auprès d'une baluftrade de pierre : une femme y touche le clavecin, & eft accompagnée par un homme qui pince une guitare. Ce Tableau tient beaucoup de la maniere de Pater. Il eft peint fur toile de 30 pouces fur 23 de haut.

VALLAYER COSTAR. (Madame)

110 Une Corbeille remplie de gros raifins blanc & violet, rendus avec une vérité frappante. T. 17 pouces fur 13 de haut.

111 Deux pendans, de forme ovale, auffi beaux que le précédent. Dans l'un, on voit un panier de Pêches, deux Citrons & un vafe de porcelaine rempli

de Prunes. L'autre repréfente un vafe
de porcelaine rempli de Lilas, Rofes &
autres Fleurs très-bien grouppées : au
pied du vafe font deux groffes Poires.
T. 16 pouces fur 13 de large.

112 Une Perdrix rouge & un Lapin pen-
dus par les pattes, rendus avec beaucoup de vérité : fur T. de 21 pouces fur
16 de large.

113 Une grande Ecuelle de terre blanche,
deux Bouteilles & un Pain fur une table.
Toile de 2 pieds 6 pouces fur 1 pied
10 pouces.

VAN AELST. (Guillaume)

114 Un Sujet d'Animaux, dans lequel on
voit un héron avec une gibeciere pofés
fur une table, un faifan fur un tabouret
près d'un fufil. Ce Tableau, d'une touche favante, eft d'une vérité étonnante.
T. 2 pieds 9 pouces fur 2 pieds 2 pouc.
de large.

VANDER ELST.

115 Deux grands Portraits faifant pendants, peints dans le ftyle de van Dyck.
L'un repréfente un Bourguemeftre Hollandois vêtu en foie noire, & parfaitement dans le coftume : il eft affis
dans un fauteuil, devant une table fur
laquelle eft pofée une pendule dorée ;
à fes pieds eft un chien caniche. L'autre

repréſente ſa femme auſſi aſſiſe, ayant près d'elle ſon petit enfant à qui elle donne du fruit : elle eſt vêtue d'une grande robe noire avec jupon roſe brodé en or. T. de 5 pieds ſur 4 de large.

116 Le Portrait de ce célebre Peintre, repréſenté en buſte, tenant de la main droite le Portrait de ſa femme en mignature, & de la gauche ſa palette; la tête eſt vue de face, & d'un caractere très-agréable : ſur T. de 28 pouces ſur 23 de large.

Les Tableaux de ce Maître ſont extrêmement rares. C'eſt de lui que ſont les deux grands Tableaux les plus eſtimés entre tous les beaux morceaux qui ornent l'Hôtel-de-Ville d'Amſterdam. En effet, on trouve dans ceux-ci des choſes d'une exécution & d'une vérité étonnante.

VANDER MEULEN.

117 Une Rencontre de Cavaliers combattant aux armes blanches & à feu; on diſtingue ſur le devant un Officier Porte-Drapeau, vu par le dos, monté ſur un cheval blanc, & pluſieurs chevaux bleſſés ſans Cavaliers deſſus : le fond eſt un joli Payſage avec lointains, très-ſpirituellement rendu; ſur T. 11 pouces ſur 9 & demi de haut.

V A N D E N W E L D E. (Guillaume)

118 Une Vue de pleine Mer; fur le devant, deux bateaux marchands à un feul
mât: plus loin, un grand vaiffeau à
trois mâts accompagné de fa chaloupe;
dans le lointain eft un autre vaiffeau
auffi à trois mâts: le ciel, vers le milieu, eft un peu chargé de nuages; mais
il eft généralement d'un ton clair & brillant, tel que les Amateurs le recher-
chent en cet Auteur. B. 21 pouces fur
16 de haut.

V A N E C K O E T.

119 Le Bufte d'un Bourguemeftre d'Hollande portant un chapeau à haut bord &
une large fraife au col, la main droite
appuyée, & l'autre gantée; le caractere
de la tête eft plein d'ame. Ce Tableau,
favant à tous égards, peut le difputer
au plus beau de Rembrandt. T. 28 pouces fur 21 de large.

120 Un Bufte d'Homme tenant de fa main
droite fon menton, le coude appuyé
fur une table, portant une grande plume
blanche à fon chapeau; il a le corps
couvert d'une étoffe brodée. Ce Tableau, d'un ton de couleur très-vigoureux, eft fur toile de 3 pieds 8 pouces
fur 2 pieds de large.

Van Huysum. (Jean)

121 Deux superbes Tableaux faisant pendants, reprefentant des Vafes de terre remplis de différents beaux grouppes de Fleurs. Dans l'un, on voit plufieurs pavots, tulypes, ananas, penfées, &c. dans l'autre, une belle branche de lys fe diftingue parmi les autres fleurs qui l'environnent. Ces deux Tableaux capitaux, clairs & très-fins, font d'une parfaite confervation, & peints fur T. de 29 pouces fur 22 de large.

Vanius. (François)

122 L'Angle d'un Plafond de forme ceintrée. Notre Seigneur, au milieu de huit de fes Apôtres, femble adreffer la parole à Saint Pierre. Ce Tableau, d'une touche favante, eft très-vigoureux de couleur, & peint fur toile de 13 pouces fur 9 de haut.

Vanloo. (Carle)

123 Un Sujet allégorique. Les Arts de Peinture, Sculpture & Architecture implorent le Deftin pour arrêter la Parque prête à couper le fil de la vie de leur Protectrice *. Ce Tableau, plein de fentiment & d'expreffion, eft de la plus

* Madame la Marquife de Pompadour.

vigoureufe couleur, d'une exécution très-foignée, & l'un des plus précieux Ouvrages de ce Maître. Il porte 23 pouces de haut, fur 24 de large.

124 Les quatre Arts repréfentés par des Enfants; Tableaux de forme ronde: les Sujets en font connus par les Eftampes qui en ont été gravées par Feffard. T. de 30 pouces de diamètre.

125 La Peinture & la Sculpture; Tableaux de forme ovale, repréfentés par deux femmes en bufte, dont une tient une groffe tête; l'autre, une palette devant un chevalet fur lequel eft une toile où elle peint une tête de Chérubin. Ces deux morceaux femblent fortir de la main de l'Auteur, par la fraîcheur de couleur dont ils font. T. 2 pieds 8 pouces fur 24 de large.

126 Le même Sujet, qui repréfente la Peinture, exécuté en tapifferie aux Gobelins par Cozette: de même grandeur, & fous glace.

127 L'Exercice de l'Amour; Compofition de vingt-quatre figures principales, en différentes attitudes d'évolutions militaires. Ce Sujet eft des plus agréables: fur T. de 3 pieds & demi fur 2 pieds 9 pouces de haut.

128 Une Veftale couverte d'un grand voile blanc; elle tient un tamis plein d'eau, & eft peinte fur toile à l'encauftique,

de forme ovale. 32 pouces fur 24 de large.

129 Amimone, pourfuivie par Pan, fe réfugie dans les bras de Neptune. Charmante Compofition bien grouppée, où l'on compte huit figures, dans un fond de Payfage au bord de la mer. T. de 16 pouces en quarré. Ce Sujet a été exécuté en tapifferie pour M. de Marigny.

130 Le Portrait d'une Dame habillée en Payfanne à mi corps, la tête couverte d'un chapeau de paille doublé de bleu ; elle porte de fon bras gauche un panier de différentes fleurs, & de fa main droite une branche de jacynte. T. 30 pouces fur 24 de large.

131 Deux Sujets faifant pendants. L'un repréfente une femme habillée en Sultane à laquelle une Efclave Noire préfente une taffe de thé ; la tête eft un Portrait très-reffemblant de Madame la Marquife de Pompadour. L'autre, la même Sultane travaillant à la tapifferie, accompagnée d'une autre femme. Ces deux Morceaux font très-connus par les Eftampes gravées par le fieur Beauvarlet, Graveur du Roi, fous les titres de la Sultane & de la Confidente. Ils font fur toile de 4 pieds en quarré.

132 Jupiter, métamorphofé en Satyre, découvre & réveille la Nymphe Antiope. Ce Tableau, un des plus beaux de fon

Auteur, eſt connu par l'Eſtampe qu'en a gravé Feſſard : il eſt peint ſur toile de 26 pouces ſur 22 de haut.

VANLOO. (Louis-Michel)

133   Le Portrait d'une Dame aſſiſe, vêtue en ſatin blanc, la tête vue de face, d'un caractere agréable, coïffée en cheveux, le bras droit appuyé ſur un couſſin de velours rouge ; ſur T. de forme ovale. 28 pouces ſur 22 de large.

134   Le Portrait de Louis XV en Buſte, avec cuiraſſe couverte à moitié du manteau royal ; il eſt décoré du cordon bleu & de l'Ordre de la Toiſon d'Or par-deſſus la cuiraſſe, & eſt exécuté en tapiſſerie de la Manufacture des Gobelins ; ſous glace de forme ovale. 30 pouces ſur 24 de large.

135   Le Portrait de Louis XV en pied, couvert du manteau royal ; dans une très-riche bordure. On en connoît l'Eſtampe nouvellement gravée par le ſieur Cathelin, Graveur du Roi. Tableau ſur toile de 4 pieds ſur 3 de large.

VAN ULIET.

136   L'Intérieur d'une grande Egliſe de Hollande, où eſt repréſenté le Tombeau de l'Amiral Tromp ; divers grouppes très-intéreſſants & bien diſtribués, ornent ce Tableau, & en augmentent le

mérite, étant faits par Adrien Vande-Velde. Toile de 4 pieds 9 pouces fur 3 pieds 4 pouces de large.

VERNET. (Joseph)

137 Une Tempête au bord de la mer. On y voit, fur le côté droit, l'extrémité d'une Ville dont les murs font flanqués d'une haute tour quarrée, & d'une autre moins haute de forme ronde autour de laquelle eſt une baluſtrade en fer. Un chemin eſcarpé conduit à la porte de la premiere tour. Au bas, & un peu avant dans la mer, eſt un rocher contre lequel vient fe briſer un grand vaiſſeau à trois mâts : un peu plus loin, une chaloupe remplie de Matelots cherchant à fe ſauver d'une vague qui eſt prête à les engloutir. On voit auſſi fur le devant deux hommes qui ſoutiennent une femme morte, & pluſieurs Matelots qui tirent un cordage attaché au grand vaiſſeau qui vient d'être briſé ; dans le lointain, fur une éminence, on voit un Château, & derriere de hautes montagnes. Ce Tableau, fait en 1754, foutiendra dans tous les temps la réputation méritée de ſon Auteur.

Le Pendant repréſente un très-agréable Payſage enrichi d'architecture, montagnes, lointains, figures, & riviere : fur le devant, deux Pêcheurs avec un bateau ; plus loin, six femmes font occupées à laver du linge au bord d'une riviere ; dans le haut, on voit une groſſe tour. Le ton de couleur en eſt chaud, & le tout eſt traité très-pittoreſquement. Ils ſont ſur toile de 4 pieds 3 pouces ſur 2 pieds 8 pouces de haut.

138 Deux autres charmants Tableaux, auſſi ſur T. de 18 pouces ſur 12 de haut, faiſant pendants.

L'un repréſente un riche Payſage au bord de la mer, orné de différents grouppes de figures très-intéreſſantes. On y voit un grand vaiſſeau qui, en arrivant en rade, tire un coup de canon pour s'annoncer & ſaluer la Ville de laquelle il approche ; ſur le devant eſt une jolie Marchande de poiſſon, accompagnée d'un Matelot debout, & un autre qui retire de l'eau ſes filets : aux deux côtés oppoſés ſont, un Pêcheur à la ligne, & une femme montée ſur un âne.

Le Pendant repréſente une tempête horrible, mêlée du tonnerre qui foudroie un grand vaiſſeau qu'on voit dans le lointain. Sur le devant, au bord d'un rocher, deux hommes ſoutiennent une femme qu'ils viennent de retirer de l'eau, ainſi qu'un enfant que ſauve une femme dans ſes bras, & aidée d'un homme qui ſe retient au bord d'un ro-

cher. Dans le fond eſt une tour bâtie
ſur des roches.

V i e n. (Joſeph)

139 Sacrifice à Cérès. L'Auteur y a repréſenté Proſerpine aux pieds de la Statue
de la Déeſſe, & Neptune arrivant ſur
ſon char prêt à l'enlever. Ce Sujet eſt
connu par l'Eſtampe qu'en a gravé Dan-
zel. T. de 16 pouces en quarré. Ce
Sujet a été exécuté en tapiſſerie.

140 Une jeune Bacchante à mi corps, la
tête couronnée de pampres, & le corps
couvert d'une peau de tigre, ſous glace;
exécutée à la Manufacture Royale des
Gobelins. 25 pouces ſur 21 de large.

V i s p r é.

141 Un Tableau peint ſur verre, repréſentant une Jatte de porcelaine remplie de
Pêches, un Verre de vin & un Biſcuit.
16 pouces ſur 13 de haut.

V i v i e n.

142 Le Portrait de M. de Louvois en
buſte, avec rabat de dentelle; au paſtel, ſous glace: de 21 pouces ſur 15 de
large.

W a t t e a u. (Antoine)

143 Deux Sujets faiſant pendants. Ils repréſentent une Dame aſſiſe touchant de

la mandoline fur un fond de Payfage,
& un autre Payfage au milieu duquel
eft un homme dans l'attitude d'un Dan-
feur, portant fur l'épaule droite un
manteau rouge doublé de bleu. B. 9
pouces fur 6 & demi de large.

Vœninx.

144 Un Payfage au milieu duquel on voit
un groupe de figures pofé fur un
piedeftal ; & fur le devant, un jeune
garçon tenant un chien en leffe : dans le
fond, on voit ferpenter une riviere au
pied d'une Ville, terminés par de hautes
montagnes, & divers autres grouppes
de figures qui ornent ce charmant Tableau vigoureux de couleur & très-pit-
torefquement traité. Hauteur 25 pouces. Largeur 21 pouces. Toile.

Wouvermans. (Philippe)

145 L'intérieur d'une cour de Ferme, où
l'on voit un cheval blanc débridé, &
mangeant dans une auge de bois : auprès eft un autre cheval que charge un
homme ; & fur le devant, une femme
debout, vue par le dos, portant fur fon
bras un petit enfant : plufieurs autres
figures & animaux enrichiffent ce Tableau, très-vigoureux de couleur, peint
fur bois de 14 pouces fur 13 de haut.

146 Un Payfage très-pittorefque, orné de

différents grouppes de figures, parmi lesquelles on distingue un homme en manteau rouge monté sur un cheval blanc, traversant un ruisseau ; sur une éminence, on voit une baraque fabriquée de planches , couverte de chaume , & un homme qui veut empêcher un enfant de passer dans l'eau. 24 pouces de large sur 20 de haut. T.

TABLEAUX

PAR DIFFÉRENTS MAÎTRES.

147 Louis XV à cheval habillé en Guerrier, dans un fond de Paysage, où est représentée la plaine de Fontenoy remplie de Troupes qui composoient sa Maison : sur T. 3 pieds & demi sur 2 & demi de large.

148 Renaud enchanté dans les Jardins d'Armide, entouré de plusieurs Amours, par un Maître inconnu : sur toile de 26 pouces sur 22 de haut.

149 Tête de vieille Femme, habillée & coiffée dans l'ancien costume Flamand ; elle est vue de face, & porte un habillement noir : par un ancien Maître.

Hauteur 16 pouces 6 lignes. Largeur 13 pouces 6 lignes.

150 Deux Tableaux de Fruits , exécutés à

la Manufacture de la Savonnerie. Dans l'un, on voit un panier de belles Pêches, accompagné de plufieurs grappes de Raifins & de quelques noix. Dans l'autre, un panier de Prunes de Monfieur & quelques Amandes. Ils font fous glaces : de 17 pouces fur 14 de haut.

151 Le Médaillon de Louis XV entouré d'une guirlande de différentes fleurs, foutenue par le haut d'un grand ruban : le tout brodé avec art en foie, fur un fond jaunâtre fatiné; fous glace de 3 pieds 3 pouces fur 2 pieds 6 pouc. de largeur.

152 Une Table peinte, imitant le marbre, fur laquelle paroiffent avoir été jettées une douzaine d'Eftampes de différentes efpeces, Portraits & Sujets, d'après Albert Durer & autres. Toutes ces Eftampes font peintes avec tant d'art & de foins que l'œil y eft trompé. Ce morceau eft fous glace de 36 pouces fur 24 de large.

153 Une Ruine ornée de figures de Soldats & autres, dans le ftyle de Wouvermans, peinte fur une plaque d'agathe de 5 pouces fur 4 de large.

154 Un Rhinocéros & un cheval en pierre de Florence, de 10 pouces fur 7 de haut.

155 Un Homme affis allumant fa pipe, peint fur verre.

156 Une Corbeille remplie de fleurs, sur un fond blanc, avec une bordure, le tout en plumes de différentes couleurs : sous glace. Haut. 22 pouces, Larg. 18 pouces.

157 Un Panier de grosses Pêches, Prunes & Noix, au pastel ; sous verre. 20 pouces sur 17 de large.

DEVANTS DE CHEMINÉES.

158 Une Loge de Chien couverte en damas bleu ; un chien à longs poils, vu à mi-corps, semble sortir de sa niche, & y est représenté d'une vérité singuliere : il est peint par Desportes.

159 Un autre, représentant un grand seau de porcelaine, rempli de papiers, plusieurs boîtes de carton, un globe, &c.

160 Un autre, où l'on voit un Tabouret sur lequel est jettée une Robe - de-chambre d'étoffe de soie, une Table de nuit, &c.

161 Un autre, où l'on voit un Bureau, dessus lequel font une musette & plusieurs papiers de musique ; dessous est un violon.

162 Un autre Devant de cheminée, où l'on voit au milieu un grand vase de porcelaine rempli de différentes fleurs ;

au

au bas eſt un Singe près des raiſins &
pêches, &c. par M. de la Porte.

163　Pluſieurs Portraits de différentes grandeurs & formes, qui ſeront diviſés.

164　Pluſieurs Deſſus de portes en camaïeux
& autres , qui ſeront pareillement diviſés.

165　Pluſieurs Bordures de différentes grandeurs, qui ſeront diviſées.

166　Un Chevalet en bois d'Acajou , très-
bien fait.

PEINTURES EN ÉMAIL.

167　Trois Portraits de Louis XIV à différents âges, en émail, par Petitot: ils
ſont dans des bordures de forme ovale,
avec guirlandes & nœuds de rubans, en
cuivre doré.

168　Le grand Dauphin, fils de Louis XIV,
même bordure, par le même.

169　Deux petits Portraits, auſſi en émail;
Marie-Anne & Marie-Théreſe d'Autri-
che , par le même : mêmes bordures.

170　Le Portrait de Louis XV , peint en
Guerrier ; il eſt entouré d'un cercle d'or
& propre à orner un bracelet.

171　Le même Portrait dans une bordure
ovale de cuivre doré.

D

172   Deux jolis Portraits de Femmes , dans de pareilles bordures , par Rouquet.

173   Le Portrait d'une Dame , & deux d'une jeune Demoiselle par le même , dans de pareilles bordures.

MIGNATURES.

174   Les Portraits de François I.er & d'Henri III , dans des bordures ovales à guirlandes & nœuds de rubans de cuivre doré.

175   Le Portrait d'une Vénitienne en buste & en corset ; elle tient dans ses mains un coq , & est peinte par la Rosalba , dans une bordure ovale à perles , en cuivre doré.

176   Le Jeu de la main chaude ; petit Sujet de quatre figures par Klingstel , dans une bordure ovale , avec perles en bronze doré.

177   Le Portrait de Louis XIV , habillé en Guerrier , supérieurement bien fait par le même , de 3 pouces & demi sur 2 de large , dans une bordure ovale , avec nœud de ruban en bronze doré.

178   Celui de Louis XV , de même grandeur , & dans une même bordure.

179   Louis XV en cuirasse , la tête nue , dans sa bordure quarrée , en cuivre doré.

180 L'Impératrice , Mere de la Reine de
France, de forme ovale, de 3 pouces
fur 2 & demi de large, dans une bordure à guirlandes en vermeil.

181   Madame la Duchesse de Bourgogne,
Mere de Louis XV : elle est représentée
vue jusqu'aux genoux, dans un jardin ,
& tenant des fleurs ; un Amour qui a
dans chaque main des couronnes de
laurier , paroît prêt à lui en pofer une
fur la tête. Cette Mignature porte 3
pouces & demi fur 2 & demi de large ;
dans une bordure de bronze doré.

182 Le Portrait d'une Dame, la gorge
nue, les bras appuyés fur une urne d'où
fort de l'eau ; le fond repréfente un
Payfage, dans une bordure quarrée,
avec nœud, en bronze doré.

183 Le Portrait d'une jeune Demoifelle
en Religieufe , de même grandeur &
bordure pareille à la précédente.

184 Le Portrait d'une Dame, repréfentée
en peignoir, à fa toilette , dans une
bordure quarrée, en bronze doré.

185 Une jeune Dame en chemife & corfet,
tenant un bouquet de rofes , dans un
fond de Payfage , de forme ronde , dans
une bordure de bronze doré.

186 Deux Portraits de Femmes , dont une
tient une colombe , l'autre porte un

manchon , dans de riches bordures avec
ornements à la grecque & nœuds de
rubans , en bronze doré.

187 Trois différens portraits de Femmes,
dans des bordures ovales à guirlandes
& nœuds de rubans de cuivre doré.

188 Le Portrait de Madame la Dauphine ,
Mere de Louis XVI , affise dans un fauteuil , tenant une brochure.

189 Un Portrait de Femme affise dans un
jardin , tenant un livre.

190 Autre Portrait de Femme portant un
manchon.

191 Le Portrait de M. de Tournehem, dans
un cercle d'or.

192 Un joli Portrait de Femme , la gorge
découverte , en chemife , dans l'eau
jufqu'à mi-corps, & le bras droit appuyé
fur une urne, dans un étui doublé de
fatin bleu.

193 Autre petit Portrait de femme , de
forme ronde , d'un pouce de diametre.

194 Une Mignature de forme ovale, de
3 pouces , repréfentant une Femme nue
à mi corps , la tête appuyée fur fa main
gauche ; l'Amour eft derriere elle , &
prêt à lui lancer un trait.

195 L'Amour couronné par un Génie , fait
dans le ftyle antique , en camaïeux , fur
un fond brun , de forme ovale, dans
une bordure de bronze doré ; de 3
pouces & demi.

196 Petit Sujet en cire, où l'on voit l'A-
mour tenant un caducée & l'écuſſon
des armes de Madame de Pompadour;
de 15 lignes de diametre, dans une
bordure de cuivre doré.

197 Le Portrait d'un Vieillard, âgé de
cent quinze ans, décédé en 1758 en
Suiſſe, fait en mignature par un Officier
de Bouillon; ſur velin, ſans bordure.

MORCEAUX DE SCULPTURE

EN MARBRE, BRONZE, &c.

198 Notre Seigneur ſur la croix, en marbre blanc, ſupérieurement bien exécuté
par N. Pigalle, de 27 pouces de haut,
ſur un fond de marbre noir, dans une
belle bordure de cuivre doré.

199 La Statue en marbre blanc, d'une
Nymphe de Diane, de grandeur naturelle, avec un chien à ſon côté gauche;
elle tient de la main droite un petit
cor : elle eſt poſée ſur un piedeſtal de
forme ronde, auſſi en marbre blanc.

200 Deux Buſtes de marbre blanc, de
groſſeur naturelle, repréſentant Voltaire
& Monteſquieu.

201 Deux autres idem; le Cardinal de
Fleury, & le Chancelier d'Aguelleau.

202 Deux autres buftes, auffi en marbre;
le Maréchal de Saxe, & M. de Trudaine.

203 Le Bufte de Louis XV, en marbre,
de 12 pouces de proportion.

204 Le même Portrait, en médaillon, de
marbre blanc, de 18 pouces fur 14 de
large : dans une bordure dorée

205 Portrait de femme coiffée en cheveux,
Médaillon en marbre blanc ; de forme
ovale, portant 6 pouces, dans une bordure à ornements en cuivre doré.

206 L'Amour affis fur un nuage, portant
le doigt fur la bouche pour impofer le
filence, en terre cuite, par M. Falcon-
net ; de 8 pouces de haut, non compris
le focle de Boule qui le porte, & le
bocal de verre qui le couvre.

207 Le Médaillon de Louis XV, auffi en
terre cuite, de 6 pouces de diametre,
dans une riche bordure entourée de
lauriers, & en bois doré.

208 Quatre Médaillons en terre cuite, repréfentant Rameau, Boucher, Vanloo
& Chardin, dans des bordures noires &
dorées.

209 Un Vafe, de forme ronde, avec couvercle & guirlandes, de 16 pouces de
haut, par un habile Artifte, auffi en
terre cuite.

210 Plufieurs autres grands Vafes, en terre
cuite bronzée, fervant de couronne-
ments à des Poëles.

211 Plufieurs Figures, Grouppes & Têtes, en terre cuite & plâtre. Ils feront détaillés.

212 Une Tête de Pallas, en plâtre bronzé, fur un pied de bois doré. Hauteur 27 pouces.

213 Une Tête d'Enfant en maillot, plâtre.

214 Léda couchée, & Jupiter métamorphofé en cygne; Plâtre, fous une cage de verre de 17 pouces de long.

215 Treize Gaînes, en pierre, avec guirlandes de fleurs fur les côtés, propres à mettre des Buftes dans un jardin.

216 Un Piedeftal quarré d'environ 5 pieds de haut, propre à pofer une ftatue.

217 Un charmant Sujet, exécuté avec beaucoup de délicateffe, en ivoire, & compofé de neuf figures de Femmes, Satyres, & Enfants aîlis & folâtrant aux pieds de deux arbres autour defquels ferpentent des ceps de vigne, de la grandeur de 6 pouces fur 3 & demi de large, enfermé fous verre dans une bordure de cuivre à ornements, en cuivre doré : on a joint ici la gravure qu'en a faite Madame la Marquife de Pompadour.

218 Louis XV, Médaillon de profil, fait en cire, en 1771, par Merard.

219 Deux petits Sujets en bas-relief, compofés chacun de quatre figures de Silene, Satyre & Enfants; de 6 pouces

D iv

de large fur 3 de haut, fous verre, avec bordures noires.

220 L'Amour tenant un caducée & l'é-
cuffon aux armes de Madame de Pompadour, en cire, dans une bordure de
cuivre doré de 15 lignes de diametre.

V A S E S   D I V E R S.

221 Un Vafe, forme de nacelle, de marbre ferpentin, couvert & évuidé en
dedans, de 20 pouces de long fur 13
de haut.

222 Deux Vafes de même efpece & couverts, avec anfes pris de relief dans la
maffe, de 13 pouces de haut.

223 Un Vafe de granit de forme ovale,
évuidé, avec pomme de pin en bronze
doré, fur le couvercle de 14 pouces
fur 9 de haut.

224 Un autre Vafe de granit noir & blanc,
en forme de nacelle, évuidé en dedans,
avec rofaffes & pomme de pin, fur le
couvercle de 13 pouces fur 12 de haut.

225 Un Vafe couvert, forme de nacelle,
en granit vert, avec rofaffes & pomme
de pin fur le couvercle, de 14 pouces
fur 9 de haut; & de plus, deux autres
de même qualité, pour accompagner le
précédent, de 11 fur 7 de haut.

226 Deux Vafes de Granit gris, couverts,

de forme ronde, à gorge, anses, à mascarons, pieds & pommes de pin sur les couvercles; le tout en bronze doré : de 11 pouces de haut sur 10 de diametre.

227　Une Cuvette en granit, de 18 pouc. de long sur 8 de large & 5 de haut.

228　Deux Vases d'albâtre en forme de nacelles, couverts & évuidés en dedans, avec bords & boutons surdorés : de 11 pouces sur 6 de haut.

229　Deux Socles ronds de 5 pouces de diametre sur 2 de haut, en granit vert & noir.

230　Un Fût de colonne en porphyre, avec chapiteau & socle de marbre blanc sculpté, de 12 pouces sur 10 de diametre.

231　Un Vase Egyptien antique, de 13 pouces de haut, avec son couvercle, le tout d'albâtre oriental.

BRONZES.

232　La Statue équestre de Louis XV; elle a été donnée à M. de Marigny par la Ville de Paris : elle porte 2 pieds de haut, & est posée sur un très-beau piedestal en bois noirci & doré.

233　La même Figure, aussi en bronze, de même grandeur.

234 La Statue pédeftre de Louis XV, portée fur un bouclier par trois Soldats, le tour en bronze de 2 pieds 9 pouc. de haut, & pofé fur un fuperbe piedef- tal en marbre noir & ornemens en bronze doré. Cette Compofition de M. le Moine avoit été projettée pour être placée devant l'Hôtel de-Ville de Rouen.

235 Agrippine couchée, Bronze antique & rare. Cette Figure eft belle & bien drappée; elle a 22 pouces de long, fur un beau pied carelé en bronze doré *.

236 La Figure en pied de Jupiter Olym- pien, de 21 pouces de haut, fur un pied de bronze doré.

237 Celle d'un Soldat Romain, de même grandeur, & pofé fur un même pied que la précédente.

238 Un Grouppe de trois figures, repré- fentant Bacchus & Érigone, de 20 pouces de haut, pofé fur un pied rond & canelé de bronze doré.

239 Un autre grouppe de deux figures, repréfentant Dédale attachant des aîles à fon fils Icare, d'un pied de haut, pofé fur un pied quarré de cuivre doré avec ornements.

---

* Ce qui rend cette Figure importante, c'eft qu'elle eft vraiment de fonte antique : c'eft un legs fait à M. le Marquis de Marigny par M. Maffé, célebre Peintre en mignature.

240 La Figure équestre de Marc-Aurele, de 4 pouces de haut, posée sur un superbe piedestal, en bronze doré d'or moulu.

241 Un Bas-relief, en bronze, d'après François Flamand, représentant des Enfants jouant avec une chevre : de 13 pouces sur 8 de haut, dans la bordure de bois doré.

242 Un Enfant couché sur le ventre & dormant, de 5 pouces de long, posé sur un pied de marbre noir.

243 Un petit Buste de Louis XV, de 4 pouces de haut.

244 Une Tête de Séneque, de grosseur naturelle, sur un pied de marbre.

245 La Tête d'une jeune Fille, de grandeur naturelle, les cheveux retroussés & nattés, sur un pied de marbre.

246 La Figure du Gladiateur, armé de son bouclier & sabre, de 2 pieds de proportion, sur un piedestal de bois noirci.

247 La même Figure, aussi en bronze, & d'égale proportion ; aussi montée sur un piedestal de bois noirci.

248 L'Enfant à la cage, par Pigalle, sur un pied de bois noirci & doré.

249 La Statue équestre d'Henri IV, de 10 pouces de haut, en argent, posée sur un piedestal de bois noirci, garni d'or-

nements auffi en argent, aux quatre coins.

250 La Statue équeftre du même Monarque, de 6 pouces de haut, y compris le piedeftal ; le tout en argent, dont partie doré, pofé fur un pied de bois d'ébene.

251 Une très-petite Statue équeftre de Louis XV en or & argent, renfermée dans un vafe de 10 pouces de haut, en porcelaine verte, garnie d'ornements de bronze doré.

252 Deux belles Gaînes de 4 pieds de haut, en bois noirci, avec piedeftaux & chapitaux en canelures dorées.

253 Plufieurs Socles en bois, peints en marbre.

254 Divers petits Socles en bois noirci, avec ornements incruftés en cuivre.

MÉDAILLES ET MONNOIES

EN OR, ARGENT, CUIVRE, &c.

255 Deux Pieces de Monnoie, or de Ducat.

256 Quatre autres Pieces, Monnoie des Indes, en or.

257 Trois grandes Pieces d'or, Monnoies de France, d'Efpagne & de Portugal.

258 Deux petites Médailles Romaines en or.

259 Quatre Pieces, Monnoie de France, en argent, des Regnes d'Henri II, Henri III, &c. & cinq autres très-petites.

260 Deux autres d'Allemagne & d'Italie.

261 Seize Pieces de Monnoie des Indes, & un grand nombre de très-petites.

262 Trente-quatre petites Médailles Romaines en argent.

263 Cinq autres, dont quatre frappées pour la Fête des Bonnes-Gens, inſtituée en la Seigneurie de Canon.

264 Deux autres grandes Médailles, dont une du Regne de Louis XV pour le Pont de Neuilly, & l'autre de Louis XVI pour l'École de Chirurgie.

265 Deux Médailles en argent, avec anneaux, repréſentant Locke & Newton.

266 Un Médailler de forme quarrée, d'environ un pied ; il eſt de bois de paliſſandre, garni d'ornements en bronze doré, & contient ſix tiroirs dans leſquels ſont renfermées ſoixante-cinq Médailles des Rois de France.

267 Quatre grandes & moyennes Médailles en cuivre, dont Louis XIV, le Préſident Jeannin, &c.

268 Six Médailles trouvées à Choiſy : elles ont été frappées ſous les Regnes des Empereurs Trajan, Adrien & Antonin le Pieux.

269 Trois autres ; Henri IV, Louis XV, & Monteſquieu.

270 Vingt-trois petites Médailles Impériales trouvées à Nismes en Languedoc; & de plus, cinq autres : le tout de billon.

271 Deux grandes Médailles, en cuivre & étain, représentant Monseigneur le Comte d'Artois à cheval, &c. sous verre, & en bordure noire.

272 Quatre Plaques de Monnoies de Suede & vingt-trois Médailles; le tout en cuivre.

273 Soixante Empreintes en étain de différentes Médailles Françoises & Étrangeres.

274 Le Portrait, en médaillon, du Cardinal de Polignac, de 3 pouces de diametre, dans sa bordure de bronze doré, avec nœud de rubans.

DESSINS DIVERS,

DONT LA PLUS GRANDE PARTIE

EST LAVÉE EN COULEURS.

*N. B. Les Auteurs sont rangés par lettres alphabétiques, & les Dessins qui sont encadrés portent une * à côté du Numero.*

AMAND.

275 * Allégorie sur un Mariage. On voit Apollon assis sur des nuages, & donnant la main à Vénus qui est accompagnée des Graces : les Arts paroissent s'applaudir de cette alliance ; deux Génies soutiennent des écussons aux armes des deux époux, & une chaîne d'Amours semblent former une couronne. Cette Composition est très-agréable & pleine de génie ; elle est à la sanguine sur papier blanc.

BACHELIER.

276 * Médaille allégorique, représentée par des Enfants prosternés, & adressant

84 **DESSINS.**

leurs prieres à la Déesse de la Santé ; à la mine de plomb , sur papier blanc.

BARBAULT.

277 * Vue de l'ancien Palais des Empereurs.

Vue de Sainte-Constance , vulgairement dit Tombeau de Bacchus. Aux crayons noir & blanc, sur papier bleu.

BAUDOUIN.

278 * Le Coucher de la Mariée : charmante composition connue par l'Estampe qui en a été gravée par Simonet. Ce morceau , exécuté à la gouache avec tout l'esprit possible , est sous glace de 15 pouces sur 11 de large , dans une riche bordure.

279 * Allégorie sur le Mariage de M. le Marquis de Marigny : l'Hymen allume son flambeau , & couronne deux cœurs posés sur un autel qu'un jeune Amour entoure de fleurs. Ce morceau , très-intéressant , est aussi fait à la gouache de 7 pouces & demi sur 5 de large.

BLANCHET.

280 * Deux Têtes de Vieillards ; l'une , au crayon noir & blanc , sur papier bleu ; & l'autre , à la sanguine , rehaussée de blanc , sur papier gris.

Elles sont de grandeur naturelle.

BOUCHARDON.

BOUCHARDON.

281 * Un charmant Sujet plein de grace & d'esprit, représentant l'Amour nud, debout, tendant son arc, & prêt à en décocher un trait de fleche. On voit à ses côtés plusieurs grouppes de Jeux d'Enfants. Ce morceau, précieux par sa finesse de touche, est fait à la sanguine, & porte 3 pouces de diametre, dans une bordure de bronze doré.

281 *bis* * Une des Nymphes de Diane, nue & assise dans un fond de Paysage auprès d'une fontaine où elle est prête à se baigner. Ce morceau, non moins précieusement terminé que le précédent, porte 2 pouces & demi de diametre, dans sa bordure en bronze doré.

BOUCHER. (François)

282 * Le Portrait d'une jolie Femme ; il est entouré d'une guirlande de fleurs formée par les Amours, & accompagné des Attributs des Arts. Ce charmant morceau est au pastel. Hauteur 13 pouces. Largeur 9 pouces 6 lignes.

283 * Le même Sujet qui n'est pas moins intéressant que le précédent, avec quelques différences dans la composition, & qui a été fait de la même maniere en 1754, & de la même grandeur.

E

284 * Des Amours facrifiant fur un autel, & célébrant la convalefcence d'une jolie Femme qui s'éleve en repouffant des nuages. On lit ces mots fur l'autel : *Nous renaiffons.* Ce Deffin eft aux trois crayons, mêlé de paftel, par le même. Hauteur 15 pouces. Largeur 10 pouces 6 lignes.

285 * Vénus affife ; elle eft accompagnée de deux Amours, & tient en leffe deux colombes : charmant Deffin au paftel, dans une riche bordure entourée de guirlandes de fleurs. Hauteur 18 pouces. Largeur 13 pouc.

286 * Saint Jean enfant ; il eft affis : fon mouton eft auprès de lui. Au paftel.

287 * Une jeune Fille, accompagnée d'un Enfant ; elle porte deux paniers de fleurs fufpendus par un bâton. Paftel. Haut. 10 pouc. Larg. 8.

288 * Une Bergere affife & vue à mi-corps ; elle eft coîffée d'un chapeau de paille, & tient une corbeille de fleurs. Ce joli morceau eft peint au paftel. Hauteur 14 pouces. Largeur 10 pouc. 6 lignes.

289 * L'Aurore & Céphale, & la Colere de Neptune. Ces deux morceaux font aux crayons noir & blanc, fur papier bleu.

290 * Vénus demandant à Vulcain des armes pour Énée. Cette agréable Compofition a pour pendant, Vertumne &

Pomone. Ces deux Deſſins ſont exécutés
aux crayons noir & blanc, ſur papier
bleu.

291 * Deux Femmes nues, couchées & en-
dormies ; aux crayons noir & blanc,
ſur papier bleu.

292 * Le Modele d'une Pendule, formée par
un globe ſoutenu par les Arts, couronné par l'Amour & par le Temps qui
marque les heures avec ſa faulx : aux
crayons noir & blanc, ſur papier gris.

293 * Vue d'une Campagne, où ſont ré-
pandues quelques chaumieres : ſur le
devant, des Blanchiſſeuſes. Aux crayons
noir & blanc, ſur papier bleu.

294   Sept Deſſins en feuilles, dont cinq à
la plume & au biſtre ; ils repréſentent
une Jardiniere, une Batteuſe de Beurre,
une Laitiere, &c. Ils ont été exécutés
en pierre de Tonnerre, & placés au
Château de Crécy.

C O C H I N. (Ch. N.)

295 * Deux charmants Deſſins, à la mine
de plomb, dont l'un repréſente le Médaillon de Louis XV, accompagné de
Génies ſous des figures d'enfants ; les
uns forment un trophée d'Armes, & les
autres ſont caractériſés par les attributs
de la Peinture, Sculpture & Architecture. Il a été fait pour le frontiſpice du
premier volume du Catalogue raiſonné

des Tableaux du Cabinet du Roi, par
M. Lépicié.

Le fecond repréfente la Peinture
fous la figure d'une Femme aflife ; elle
eft inftruite par l'Hiftoire & par le
Deflin : le Génie des Arts repoufle le
Temps, & femble le forcer de diriger
fon vol d'un autre côté. Il fert de fron-
tifpice au deuxieme volume du même
Ouvrage.

296 Trois différents Projets pour le tombeau de feu Monfeigneur le Dauphin,
compofés de dix Deflins de divers
grouppes de figures allégoriques rela-
tives au fujet : à la fanguine, avec explications manufcrites pour chacun des
Deflins ; reliés en 1 vol. in-folio, veau
fauve.

297 * Deux différentes Vues de Rome,
prifes de la Loge de l'Académie ; à la
pierre noire, fur papier blanc, ainfi que
toutes les fuivantes.

298 * Quatre Vues de Rome fe faifant fuite
les unes aux autres, prifes du Perron
de l'Eglife de San Grégorio. Le Colifée. L'Arc de Conftantin. Le Mont
Palatin, ou Palais des Empereurs :
Aquéduc du Palais des Empereurs ; &
de plus, la Vue du Temple de Fauftine
au Campo-Vaccino, & celle des Reftes
du Temple de la Paix.

299 * Vue de Caftel Gandolphe.

Vue du Mont Palatin à Campo-Vaccino.

Et celle du Temple de la Concorde.

300 * Vue du Village des Echelles en Savoye.

Aventure du Paſſage des Alpes.

301 * Vue du Pont Saint - Biaggio à Vicence.

Vue d'un Village près du Lac Majeur.

Vue du Tombeau de Théodoric près de Ravenne.

Et la quatrieme eſt la Vue d'un Village dans l'État de Véniſe.

302 * Quatre autres Vues de l'Arc de Titus.

Arc de Septime-Sévere.

Reſtes d'un Temple près l'Eratio.

Et les Reſtes du Temple de la Concorde.

303 * Cinq autres : Reſtes du Temple de Jupiter tonnant.

Reſtes d'un Aquéduc près Saint-Stephano Rotondo.

Vue de la Tour de Valmarana.

Coloſſe de Saint-Charles près de la Ville d'Arona, ſur les bords du Lac Majeur.

Et la Vue du Théâtre de Turin.

N. B. Toutes ces Vues ont été faites d'après nature par M. Cochin, dans ſon voyage d'Italie avec M. le Marquis de Marigny.

304 *　La Repréſentation de l'Opéra d'Acis
& Galathée, priſe de la coupe du Théâtre de la petite Salle de Spectacle élevée
ſur l'eſcalier des Ambaſſadeurs à Verſailles, faite à gouache. Hauteur 6
pouc. Larg. 15 pouc.

305 *　Vue du Clocher & partie du Village
de Marigny, priſe du Sallon du Château.

　　Vue générale du Château de Marigny
& Bâtiments adjacents, priſe de la col-
line en face du Château.

306 *　Vue priſe au Château de Marigny,
de la Salle au-deſſus de l'entrée.

　　Autre, du côté du Jardin, priſe de
ce même Jardin.

　　Autre, du côté de la Ferme, priſe
de dedans ladite Ferme.

　　Les cinq Deſſins ci-deſſus ſont à la
pierre noire, ſur papier blanc.

307 *　Vue d'une partie de la Place du
Marché de Marigny.

　　Vue de la Gorge Fillon, près Marigny.

　　Vue du Hameau Écoute-s'il-pleut,
près Marigny. Ces trois Deſſins ſont à
la ſanguine, ſur papier blanc.

308　Trois Deſſins. Un Autel ſingulier à
Veniſe : le Coloſſe d'Hercule à Co-
lorno ; & un Sujet d'une Scene do-
meſtique, par le même.

COYPEL. (Charles)

309 Sept Sujets, Études de Têtes, Figures & Portraits, dont Joseph reconnu par ses freres; ce dernier est à la plume & colorié.

DE WAILLY.

310 * Six Vues de Rome, à la plume, & lavées d'aquarelle, de 13 pouces sur 8 & demi de haut; ornées de beaucoup de figures, très-spirituellement exécutées : savoir, les Places de la Rotonde, de la Colonne Trajanne, Navone, du Peuple; les Colonnes Trajanne & Antonine.

GODEFROY. (N.)

311 * La Statue équestre de Marc-Aurele ; d'après l'antique ; à la sanguine, sur papier blanc.

GREUZE. (J. B.)

312 * Une Marchande d'Huîtres; elle est assise: on voit debout, auprès d'elle, un Charbonnier qui la caresse, & qui semble lui montrer quelque chose. Une lumiere, qui est dans un panier, procure un effet très-piquant. Ce Dessin est à la plume, lavé de bistre, & d'encre de la Chine, sur papier blanc.

Hauteur 18 pouc. Larg. 13 pouc. 6 lig.

J E A U R A T. (Et.)

313 * Quatre différentes Vues & Ruines de Rome ; à la pierre noire , lavées au biftre , & rehauffées de blanc , fur papier gris.

L A N T A R A.

313 *bis** Le Deluge. Sur le devant à droite, on voit une barque d'où fortent différentes perfonnes qui fe fauvent fur une arche de pont à moitié ruiné; à gauche , un rocher percé ; & dans le fond, l'Arché de Noé, une Ville fubmergée & la foudre qui tombe. Les figures font de M. de Wailly. Aux crayons noir & blanc , fur papier bleu.

L E L O R R A I N.

314 Quarante Deffins d'Etudes & Compofitions faites pendant fon voyage de Ruffie ; les uns lavés à la fanguine , les autres à la pierre noire , en 1 vol. in-4°. veau.

314 *bis* * Le Portrait en Médaillon de l'Impératrice de Ruffie , fait en 1758 , à la pierre noire ; grandeur de 6 pouces de diametre.

L' E N F A N T.

315 * Deux Combats de Cavalerie , aux trois crayons.

NATOIRE. (Charles)

316 Allégorie fur la Mort de Saint-Louis,
& fon Apothéofe: à la plume, & lavé
en couleurs.

317 Vue de Monte-Porcio dans la Campagne de Rome. Sur le devant, des
Satyres & Bacchantes. Aussi à la plume
& lavé d'aquarelle.

318 * Un Faune careffant une Bacchante,
d'après l'antique : à la pierre noire, fur
papier blanc.

319 * Deux Deffins faits en 1758, d'après
une Statue antique de plus de 6 pieds,
trouvée à Rome, repréfentant une Vénus, dans la même attitude que celle
de Médicis : elle eft nue, debout, &
accompagnée d'un Amour monté fur
un Dauphin.

320 * Six différentes Vues de Jardins de
Rome, à la plume, au biftre, & rehauffé de blanc au pinceau, fur papier
bleu.

PANNINI. (Jean-Paul)

321 * Deux Deffins de noble Architecture
compofée de Colonnes en perfpective,
& ornés de figures; ils font lavés d'a-
quarelle, & de la premiere diftinction.
Ils viennent du Cabinet Mariette. Hauteur 14 pouc. Larg. 10 pouc.

PÉRIGNON. (N.)

322 * Vue de la Place de Louis XV, faite
à la gouache, & prife du Palais Bour-
bon : on découvre une partie de la Riviere, des Tuileries & des Champs-
Elifées, avec les embelliffements pro-
jettés. Haut. 12 pouc. Larg. 20 pouc.

323 * Une branche de Lilas, & un Papil-
lon, de la plus grande vérité, colorés
fur nature en 1759. Haut. 15 pouc.
Larg. 13 pouc.

PORTAIL. (N.)

N. B. Tous les Morceaux ci-deffous du
même Auteur font faits en miniature avec
le plus grand foin.

324 * Diane au bain, accompagnée d'une
Nymphe. Morceau très-agréable. Haut.
12 pouces 6 lignes. Larg. 8 pouces.

325 * Vénus fortant du bain ; elle tient
l'Amour entre fes bras. Haut. 6 pouces.
Largeur 5 pouces ; forme ovale.

326 * Le Portrait d'une jeune & jolie
Femme, coîffée en cheveux, & vue de
face. Hauteur 6 pouces 6 lignes. Largeur 5 pouc. 3 lig. de forme ovale.

327 * Autre jolie Femme affife, & vue
jufqu'aux genoux : elle eft vêtue galam-
ment, & eft appuyée fur un couffin ;
elle tient un livre, & paroît le lire

avec satisfaction. Hauteur 11 pouces. Larg. 8 pouc.

328 * Le Portrait de Madame Élisabeth de France, Duchesse de Parme ; sous la figure de l'Aurore. Il n'est pas entiérement terminé. Haut. 8 pouc. Larg. 9 pouc. 6 lignes ; de forme ovale.

329 * Une jeune Fille assise, & en déshabillé. Elle ouvre sa chemise, & paroît y regarder attentivement. Hauteur 9 pouc 6 lig. Larg. 8 pouc. Forme ovale.

330 * Une Tête de jeune Femme, d'un caractere noble ; elle est vue de face, & les yeux dirigés vers la droite. Haut. 11 pouc. Larg. 9 pouc. 6 lig. de forme ovale.

331 * Un joli Portrait de femme coiffée en cheveux ; dans une riche bordure dorée avec guirlandes.

332 * Onze autres petites Têtes de femmes, de différents caracteres, par le même, aussi en miniature, lesquelles seront divisées.

333 * Du Gibier mort & de la Volaille ; un Vase rempli de Fleurs, des Fruits, des Légumes, un Nid d'Oiseaux avec les Œufs, &c. Hauteur 11 pouces 6 lignes. Largeur 15 pouces 6 lignes.

334 * Un Pot rempli de Tulipes, d'Anemones & autres Fleurs. Une Poire, une Pêche, des Prunes, &c. Hauteur 14 pouces 6 lig. Largeur 11 pouc. 6 lig.

335 * Des Pêches, du Raisin, &c. dans un Plat d'argent. Hauteur 10 pouc. Larg. 12 pouc.

336 * Des Choux, Concombres, Poire, Pêche, Abricots, &c. Hauteur 9 pouces 6 lignes. Largeur 12 pouces.

337 * Un Lapin & un Faisan morts. Hauteur 6 pouces 6 lignes. Largeur 10 pouces.

338 * Un Canard nageant avec son petit sur le dos. Hauteur 4 pouces. Largeur 5 pouces 6 lignes.

339 * Saint Antoine en prieres, & un Vieillard disant le *Benedicite*. Aux trois crayons. Haut. 18 pouc. Larg. 15 pouc.

340 * Saint Augustin en méditation, & Saint Paul tenant un Livre. Aux trois crayons. Haut. 18 pouc. Larg. 15 pouc.

341 * Une Femme assise, & un Enfant qui se précipite sur elle pour se sauver du saut d'une chevre; à la pierre noire, & lavé d'aquarelle.

342 * Deux Études de deux jeunes Filles assises; l'une tient un chat, & l'autre paroît occupée à lire. Elles sont aux trois crayons, & ne sont pas entiérement terminées.

343 Deux Bustes de jeunes Femmes, l'une vêtue & coiffée à la Françoise, & l'autre dans le costume Hollandois. Cette derniere paroît être d'après Metzu. Ces deux Morceaux sont faits avec un soin tout particulier, en miniature.

344   Deux Pieces repréfentant des Rofes, Pavots & autres Fleurs, dans un panier & dans un gobelet.

345   Deux autres ; ce font des Pêches, Œillets, Jacinthes, Grenade, Giroflée, &c.

346   Deux autres. On y voit un Chou, des Pommes, une Perdrix morte, &c.

347   Quatre autres Études de Tulipe, Rofe, Renoncules, Pêches & Prunes.

348   Huit Études de Mendians & d'une jeune Femme debout tenant un panier ; à la fanguine, & au crayon noir : quelques-uns lavés de biftre.

349   Neuf autres, dont une jeune Femme étudiant de la Mufique.

350   Dix-fept Pavfages & Vues ; la plupart à la pierre noire, fur papier blanc.

PIERRE. (J. B. M.)

351 * Vue du Château de Marigny, du côté de l'entrée, à la pierre noire & fanguine, fur papier blanc.
    Vue, du côté de la cour intérieure.
    Vue d'une des tours extérieures du même Château : idem.

352 * Deux différentes Vues de la Ferme du même Château : à la fanguine.
    Vue de l'Eglife & partie de la Place du Marché de Marigny ; idem.

353 * Trois Vues, de l'Eglife de Menard,

du Lavoir, & de la Maison du Serrurier à Menard ; à la sanguine, sur papier blanc.

354 Trois Dessins, dont un Sujet champêtre, à la sanguine.

PIZZOLUS, de Bologne.

355 * Des Ruines d'Architecture dans un Paysage ; à la plume, lavé au bistre, & rehaussé de blanc au pinceau.

RIGAUD. (Hiacynthe)

356 * Le Portrait en buste, & de grandeur naturelle, de Jean la Fontaine, célebre Poëte François. Il est vu de face, la tête dirigée vers la droite.

Ce Dessin, d'un rare mérite, est aux trois crayons, sur papier gris ; & sous glace. Hauteur 20 pouces 6 lignes. Larg. 15 pouces 6 lignes.

ROETTIERS. (C. N.)

357 * Les cinq Sens représentés par des Sujets champêtres : ils sont faits avec beaucoup de soin, à la sanguine.

VIEN. (Madame)

358 * Des Roses dans un Gobelet, posé sur une pierre ; fait à gouache. Hauteur 9 pouces 6 lignes. Largeur 7 pouces 6 lignes.

WATELET, Amateur.

359 * Une Vue d'Anvers, & une de Rotterdam ; ces deux Morceaux font lavés d'aquarelle.

DESSINS,

PAR DIFFÉRENTS MAÎTRES.

360 * Tête de jeune Homme couronné de fleurs , par C. la Traverfe ; & de plus, la Tête d'un des Anges dans le Tableau d'Héliodore , d'après Raphaël, par N. Doyen. 1754. Ces deux Deffins font aux crayons noir & blanc fur papier gris.

361 * Saint Grégoire , Pape , affis, & tenant d'une main un livre, & de l'autre une plume. A la pierre noire , fur papier blanc, d'après C. Maratte , par N. Briard, en 1754.

Un des fils de Niobé, d'après l'antique, à la fanguine, fur papier blanc, par C. la Traverfe , 1754.

362 * La Tentation de Saint Antoine ; deffinée à la plume, d'après l'Eftampe de Callot , par J. Bertaux , âgé de douze ans.

363 * Achevement d'une des Façades de la Cour du vieux Louvre , & démolition

des Bâtiments contenus dans son enceinte ; à la plume, & lavé, par G. F. Blondel, & orné de figures par G. de Saint-Aubin.

364 * Carte Topographique de la Forêt de Marly & de ses Environs, par M. Laseigne, Géographe des Bâtiments du Roi ; à la plume, & lavé.

365 * Plan de Versailles & de ses Environs ; à la plume, & lavé.

366 * Plan de l'Hôpital Saint-Louis.
Élévation d'une Maison de Campagne entre deux Jardins.

367 * Vue & perspective intérieure de la nouvelle Église de Sainte-Genevieve, par Delbœufs.

368 * Foire à la Place Vendôme. A la plume, par Berteaux.

369 * Plan de la Bataille de Suttemberg, gagnée par M. le Prince de Soubise sur les Hanovriens & les Hessois.

369 bis * Deux Paysages, par Desfriches & Pillement ; ils sont ornés de fabriques & figures : l'un, à la pierre noire & à l'estompe, sur vélin ; & l'autre, à la pierre noire, mêlée de pastel.

370 Quatre, dont trois par M. Berruer ; ils représentent un Sacrifice à Diane : Hercule,

Hercule, vainqueur de l'Amour ; les trois Graces, &c. à la fanguine, fur papier blanc.

371 Vingt Deffins d'Ornements , Plafonds, Autels, Cheminées, &c. par J. de Udine, Perin del Vague, le Roffo, Th. Zuccharo, Jofepin, Aug. & L. Carrache, Civoli, &c.

372 Vingt-fept autres, par Perin del Vague, le Pomerange, Errard, &c.

373 Quatre, de Vafes, fur vélin & papier; à la plume, & lavés, par Léonard Thierry, & autres.

374 Deux Mafcarons de Satyres; à la plume, par J. B. de Mantoue.

375 Trente Feuilles de Fleurs & Plantes lavées d'aquarelle.

376 Quarante-cinq Deffins à la plume & à l'encre de la Chine ; ils font faits aux grandes Indes, & repréfentent différents Sujets concernant la Religion des Brames, intitulé *Ezourvedam*. Quelques-uns de ces Deffins font accompagnés d'une explication Françoife manufcrite.

377 Soixante-deux autres pour le même Ouvrage, dont plufieurs font coloriés.

378 Quatre-vingt-cinq Deffins relatifs à la

Religion des Brames ; le Sujet de chacun de ces Deſſins, faits aux grandes
Indes, eſt écrit derriere en Langue du
Pays & en Arabe. Ils ſont à gouache ,
& renfermés dans une boîte.

DESSINS D'ARCHITECTURE,

EXÉCUTÉS ET EN PROJETS,

PAR DIFFÉRENTS HABILES ARTISTES.

379 * Neuf différents Plans , Coupes &
Élévations , ſur une même feuille , d'ur-
nouvelle Salle de Comédie Françoiſe ,
projettée ſous les ordres de M. le Marquis de Menard en 1769 , exécutée ſous
ceux de M. le Comte d'Angivilliers en
1779 , d'après les Deſſins des ſieurs
de Wailly & Peyre , Architectes du
Roi.

380 * Vue perſpective & extérieure du
Château de Verſailles , priſe de la
Place , faite en 1773 par Heurtier ; à la
plume, & lavé d'aquarelle.

381 * L'intérieur de la nouvelle Egliſe de
la Madeleine de la Ville - l'Évêque à
Paris , par Contant ; à la plume & au
biſtre , rehauſſé de blanc.

382 * Trois Deſſins, par le Bourſier , re-

préfentant un Plan & deux Élévations
d'un Projet de Temple aux Mufes, propre à loger un Protecteur des Arts ; à
la plume , & lavés.

383 * Vue intérieure & perfpective d'un
Temple funéraire , par Cherpitel ; à la
plume , & lavé.

384 * Deux différentes Vues perfpectives ,
du même Sujet, différemment compofé ;
à la plume & lavé , par Chalgrin.

385 * Élévation extérieure d'un Temple ,
orné d'une Colonnade & de Fontaines ;
Deffin à la plume & lavé , par N. M.
Potain , Architecte du Roi. Il porte
18 pouces de haut fur 3 pieds & demi
de long.

386 * Le Plan de Menard, lavé en couleurs.

387 * Vue générale & Perfpective des Maifons, Cours & Jardins de l'Hôtel de
Madame la Marquife de Pompadour à
Paris, avec les augmentations qui de-
voient y être faites ; à la plume & lavé
par M. le Roy le jeune.

388 * Deux Vues en mignature du Château
de Menard ; l'une du côté de la principale entrée, & l'autre du côté de la
riviere : ces deux morceaux font d'un
fini précieux ; exécutés par N. le Roy.

389 * Illumination de la Façade de l'É-

glife de Saint - Pierre à Rome, par Peyre le jeune : Deffin d'un effet piquant, à la plume, lavé au biftre, & rehauffé de blanc au pinceau : de forme ronde. 10 pouces.

390 * Vue extérieure de l'Eglife Saint-Pierre, du Palais du Vatican, & d'une partie de la Ville de Rome ; d'un précieux détail, à la plume, fur vélin, par Livinius Cruys. Haut. 13 pouc. Larg. 19 pouc.

391 Trois Plans, Coupes & Élévations ; à la plume & lavés, d'un Projet pour une Foire, qui a remporté le premier Prix en 1762, par A. F. Peyre.

392 Quatre autres, pour une Académie à monter à cheval, dans une Ville Capitale. 1759 ; avec deux feuilles d'explications.

393 Dix-huit, pour une Salle de Spectacle & fes dépendances ; Arc de Triomphe, Colifée, &c.

394 Élévation extérieure d'un Palais aux Armes de France & du Pape, pour une Fête à Rome ; à la plume & colorié par A. le Roy.

395 Quatre Plans, Coupes & Élévations d'un Arc de Triomphe qui a remporté le premier Prix en 1763, par M. Dumont.

Deux autres, pour une Douane qui

a remporté le Prix en 1767, par
M. Dorléans.

396   Trois, d'une Académie à monter à
cheval, par Le Roy.
      Quatre, d'une Salle de Concert.

397   Trois, d'un Portail d'Églife, par M.
Dorléans.
      Deux, d'un Collége.

398   Cinq, d'un Pavillon à l'angle d'une
Terraffe, par M. Chalgrin.
      Sept, du même Sujet, par M. Cher-
pitel.

399   Onze, d'une Salle de Spectacle, par
M. Potain.

400   Quatre, d'une Églife, par M. Ray-
mond, en 1766.
      Trois autres, auffi d'une Églife, par un
Maître inconnu.

401   Neuf, de la nouvelle Salle de la
Comédie Françoife, par Meffieurs Peyre
& de Wailly.

402   Deux, d'un Temple funéraire, par
M. Rouffeau, 1777.
      Trois, de Temples, pour les trois
Arts, la Peinture, la Sculpture & l'Architecture, avec leur réunion, par le
même.

403   Vingt-huit Plans, Coupes & Élévations des principales Églifes d'Italie ; à
la plume, & lavés.

404   Trente Deffins de Palais , Tombeaux ; Temples , Vafes & Uftenfiles d'Herculanum , Théâtres , &c. deffinés en Italie, pendant le Voyage de M. le Marquis, dans les années 1749 , 1750 & 1751.

405   Dix-fept Plans des plus beaux Théâtres de l'Italie.

406   Quinze , Plan de Verfailles , Diftribution des tuyaux pour la conduite des eaux dans le Parc : Plan de la Forêt de Compiegne, &c.

407   Dix-huit , Élévations de Palais en Italie , Efcalier des Prémontrés à Paris, Bibliotheque de la Minerve à Rome, le Pont de Neuilly , les Plans de Chambord , &c.

408   Cinq Volumes in-4°. reliés en maroquin rouge à dentelles , contenant les morceaux ci-après qui font précieufement deffinés à la plume & lavés , & de plus accompagnés de tables manufcrites.

Recueil des Plans du Palais des Tuileries & des Hôtels qui en dépendent, en trente-huit Deffins.

Quarante-fix , des Maifons Royales du Département de Paris.

Cinquante-un , des Bâtiments , Jardins , Bofquets & Fontaines du Château de Verfailles , Trianon & la Ménagerie.

Trente , des Bâtiments , Jardins ,

Bosquets & Fontaines du Château de Marly ; in-4°.

Cinquante, du Château de Fontainebleau & des Hôtels qui en dépendent.

409 Divers Projets d'une place publique, pour ériger la Statue équeftre de Louis XV, au nombre de dix-neuf Deffins ; à la plume & lavés avec le plus grand foin, par les plus célebres Architectes du temps. Janvier 1753 ; in fol. maroq. rouge à dentelles.

410 Projet d'une Salle de Spectacle, inventé & deffiné par N. M. Potain, Architecte du Roi, en 1758, compofée de quatorze Deffins ; très-grand in-fol. en mar. rouge.

411 Différentes Obfervations fur plufieurs Edifices des Villes d'Orléans & de Blois, des Châteaux de Chambord & d'Amboife, de la Roche-Courbon, de l'Abbaye de Marmoutiers, de la Ville de Tours & du Château de Richelieu, accompagnés de Deffins à la plume & lavés des Plans, Élévations & Coupes du Château de Blois, par M. Blondel ; in-fol. veau.

412 Traité par extrait fur la proportion des Ordres d'Architecture & fur la pofition des uns fur les autres ; par N. M. Potain, Architecte du Roi. 1759, in-fol. maroquin rouge.

F iv

413 Quinze Deſſins d'Architecture de
Temples, Arcs de Triomphes & Monuments antiques, à la plume & lavés,
ſur vélin : in-fol. veau fauve.

414 Quarante-cinq Deſſins de Payſages &
Marines, à la plume, par le Duc
de Bourgogne, Pere de Louis XV.
.Ils ſont renfermés dans un petit portefeuille maroquin rouge à dentelles.

ESTAMPES ENCADRÉES.

415 L o u i s XIV en pied, d'après Rigaud, par Drevet : très-belle épreuve.

416 La Statue équeſtre de Frédéric V,
d'après J. Saly, par J. M. Preiſler.

417 L'Eſtampe connue ſous le nom de la
Pierre du Louvre, gravée par S. le
Clerc ; épreuve avant l'année.

418 Le Tombeau du Maréchal de Saxe,
d'après J. B. Pigalle, par C. N. Cochin & N. Dupuis.

419 La Continence de Scipion ; les Adieux
d'Hector & d'Andromaque, d'après F.
le Moine & J. Reſtout, par Ch. le Vaſ-
ſeur.

420 L'Aurore & Céphale ; l'Enlévement
d'Europe, d'après F. le Moine, par
L. Cars.

421 La Récompense Villageoise, d'après C. le Lorrain, par J. P. le Bas.

422 La Suite des seize Ports de Mer de France, par Messieurs Vernet, le Bas & Cochin ; très-belles épreuves.

423 La Tempête & le Calme, d'après J. Vernet, par J. J. Balechou ; anciennes épreuves, dont on a coupé l'écriture.

424 Les quatre Heures du Jour, d'après J. Vernet, par J. Cathelin.

425 L'Accordée de Village, gravée par J. J. Flipart ; d'après le Tableau de M. Greuze, N° 49 du présent Catalogue : épreuve du meilleur choix.

426 La même Estampe, aussi parfaite.

427 Le Geste Napolitain, d'après le même, par E. Moitte.

428 Susanne au bain, d'après J. B. Santerre, par N. Porporati.

429 La Sultane, & la Confidence, d'après C. Vanloo, par J. Beauvarlet. Ce sont les Estampes des Tableaux indiqués au N°. 131 du présent Catal.

430 Trois Pieces, dont la Chasse au tigre, d'après F. Boucher, par J. J. Flipart, &c.

431 Lycurgue blessé dans une sédition ; Estampe dans la maniere du crayon, d'après M. Cochin, par Demarteau ;

épreuve parfaite, avec les mots de *ré-
ception à l'Académie.*

432   Trois pieces, dont le Corps-de-garde,
gravé dans la maniere du crayon, d'après
C. Vanloo, par François, &c.

433   Trois autres, dont Persée & Andromede,
dans le genre du lavis, par Charpen-
tier, &c.

434   Le Portrait de M. de Tournehem,
d'après L. Tocqué, par N. Dupuis; &
celui de Netscher, auec sa femme &
son fils, d'après lui-même, par F. David.

<hr>

ESTAMPES EN FEUILLES.

435   Diogene, d'après l'Espagnolet; Vierge
& l'Enfant Jésus, d'après C. Maratte;
les deux Fils de Rubens: toutes trois
par J. J. Daullé, pour la Galerie
Royale de Dresde.

436   La Madeleine, d'après le Corrége,
par le même: épreuve avant le N°.
Même Galerie.

437   *Quos Ego*, d'après Rubens, par le
même; même Galerie.

438   Deux, d'après le Corrége & le Guide,
par Surugue, dont l'Adoration des Bergers, ou la Nuit: même Galerie.

D'après VAN DYCK.

439 Le grand Couronnement d'Epines, gravé par S. à Bolfwert ; fuperbe épreuve, ainfi que les pieces fuivantes.

440 Cinq, dont Jéfus portant fa croix, par C. Galle.

    Ecce Homo, gravé par lui-même ; original & copie.

    Jéfus-Chrift en croix, P. Clouwet.

    Jéfus-Chrift mort, par vanden Wyngaerde.

441 Le Chrift dit à l'Éponge, où S. Jean eft repréfenté ayant la main fur l'épaule de la Vierge, par S. à Bolfwert ; avec une feule ligne d'infcription au bas.

442 La même Eftampe, où la main eft fupprimée, & avec trois lignes d'infcription.

443 Deux différents Sujets de Renaud & Armide, par P. de Jode & P. de Bailliu.

444 Cinq Portraits, dont ceux de Charles Ier, de Cromwel ; du Prince d'Aremberg à cheval, &c. ces trois épreuves font avec des différences remarquables ; par P. Lombard, R. V. Voerft, P. de Bailliu, &c.

445 Samfon endormi fur les genoux de Dalila reçoit le prix de fa confiance ;

H. Snyers *fculpfit.* Cette Eftampe eft très-rare, & d'une très-grande beauté d'épreuve.

446 Sainte Famille connue fous le nom de la Danfe des Anges, par S. à Bolfwert, vanden Enden *excudit.*

447 Sainte Famille, où l'Enfant Jéfus eft repréfenté dormant fur le fein de la Vierge : *Ne fua ,* &c.

La Vierge, l'Enfant Jéfus & Sainte Catherine : *Medulus ,* &c. Toutes deux par S. à Bolfwert.

448 Trois Pieces ; Vierge & l'Enfant Jéfus : *Virgo quem mater ,* &c. H. Snyers ; Sainte Rofalie, P. Pontius ; Jéfus-Chrift mort , & entre les bras des faintes Femmes , par le même.

449 Jéfus portant fa croix ; il eft conduit par les Soldats , & accompagné des faintes Femmes, d'après J. van Hoeeck, par Alex. Voët.

Cette Eftampe eft très-rare à trouver auffi parfaite que celle-ci ; elle eft principalement remarquable par la réunion de la planche qui, ayant été coupée, forme cinq morceaux. Nous l'avons ici complette avec cette infcription : *Suf-ceperunt autem Jefum ,* &c.

D'après JACQUES JORDANS.

450 Deux différentes Compositions de l'Adoration des Bergers ; l'une gravée par P. de Jode , & l'autre par Marinus.

451 La Fuite en Egypte ; Jésus - Christ en croix, d'après le même, par P. Pontius & S. à Bolswert.

452 Saint Martin de Tours délivrant un possédé ; le Martyre de Sainte Apolline , par P. de Jode & Marinus.

453 Le Flûteur ; la Laitiere, par S. à Bolswert.

454 Jupiter & Mercure chez Philémon & Baucis , par N. Lauwers , d'après le même.

455 Mercure & Argus ; le Satyre & le Paysan, par S. à Bolswert & L. Vorsterman.

456 Le Concert, par S. à Bolswert; & de plus, une Allégorie : *Nosce te ipsum*; sans nom de Graveur.

457 Le Roi boit, par P. Pontius, d'après le même.

___

458 Onze, d'après J. P. Panini & Wouvermans , par J. Moyreau , dont la grande Chasse au Cerf.

459 Le Portrait en pied d'Élisabeth , Imp

pératrice de Ruffie, d'après L. Tocqué ;
par G. F. Schmidt.

460   La même Eftampe, auffi belle épreuve.

461   Le Portrait de Louis XV en pied,
d'après L. M. Vanloo, par J. Cathelin.

462   La même Eftampe, double.

463   Quatre, d'après Teniers, &c. dont
la troifieme Fête Flamande, par J. P.
le Bas, &c.

464   La Récompenfe Villageoife, d'après
C. le Lorrain, par J. P. le Bas ; & les
quatre Heures du Jour, d'après J. Vernet, par J. Cathelin.

465   La Continence de Scipion, d'après
F. le Moine ; & les Adieux d'Hector
& d'Andromaque, d'après J. Reftout :
toutes deux par le Vaffeur.

466   Sufanne au Bain, d'après J. B. Santerre, par N. Porporati.

467   Deux autres, de la même Eftampe.

468   L'Accordée de Village, d'après J. B.
Greuze, par J. J. Flipart ; épreuve
avant la lettre ; elle n'eft pas entiere-
ment terminée : & de plus, le gefte
Napolitain, d'après le même, par E.
Moitte.

469   La Confidence, & la Sultane, par J.

Beauvarlet ; & les quatre Arts, par E. Feffard, d'après C. Vanloo.

470 Sept Eſtampes d'après F. Boucher ; dont les quatre Saiſons, gravées par J. Daullé.

471 Quatre Payſages & Marines, d'après Dietricy & J. Vernet, par P. Benazech.

472 Les numéros 1, 2, 3 & 4 des Ports de Mer de France, d'après M. Vernet ; épreuves à l'eau-forte, par M. Cochin.

Ce ſont les Vues de Marſeille, Tou-lon, &c.

473 Six autres d'après J. Vernet, dont le Dé-part pour la Pêche, & Pendant : ces deux pieces ſont gravées par J. P. Lebas.

474 Une ſuite, intitulée : *Hiſtoire du Roi*, par Médailles ; elle eſt compoſée de neuf Sujets, dont huit par M. Cochin, & d'après lui ; le dernier, d'après M. Vien, par Aliamet.

Chaque Eſtampe eſt accompagnée d'une explication renfermée dans des bordures, & ornées de culs-de-lampes, du Deſſin de M. Cochin ; elle eſt très-rare, n'ayant pas été miſe au jour, & la continuation en ayant été interrompue.

475 Quatre Portraits, par J. G. Wille, dont le Roi de Pruſſe, &c.

476 M. de Saint-Florentin, par le même.

477 Vingt-huit Sujets; Têtes, Académies
& Principes du Deſſin, d'après différens
Maîtres, par Demarteau, François, &c.

478 Six autres dans la maniere du crayon
ou paſtel, d'après F. Boucher, par N.
Bonnet.

479 Vingt - cinq différens Sujets hiſtori-
ques, dont les Batailles de Lawfeld &
de Raucoux, &c.

480 Quatre pieces, dont le Bal paré & le Bal
maſqué; la Foire de Beaucaire, &c.

481 Quinze Plans & Cartes colés ſur toile
& ſur taffetas, dont celle de l'Inde, de
l'Amérique, de Bordeaux, des environs de Saint-Hubert, &c.

482 Treize Plans, de Paris, Nancy, Nantes, Madrid, Amſterdam, Fiorence,
Bologne, Milan, Malthe, &c.

483 Le grand Plan de Veniſe, accompagné des bordures, qui repréſentent les
principaux endroits de la Ville, avec explications; celui de Rome, par Vaſi:
& deux Vues de Rome ancienne & mo-
derne, d'après Nolli, par Piranèſe; en
tout 33 feuilles.

484 Soixante & dix-huit Pieces; Vues de
Palais

Palais à Saint-Petersbourg, le Dôme de Milan. Vues de S. Pierre de Rome, par Piranèſe ; le Dôme de Sienne, &c.

485   Quarante Vues de Rouen, de la Rochelle, du Baque à Breſt, de la Place Louis XV, du Portail de S. Euſtache, &c.

486   Soixante - douze Morceaux , par N. Dumont & P. de la Gueſpiere.

487   Quarante différens Projets d'Architecture & Bâtimens , Palais , Egliſes , Places publiques , &c. par Servandoni , Collet , Boullet fils , Le Bourſier , &c.

488   Dix Cartes & Plans de Paris , Bordeaux , Nantes , Reims , &c. colés ſur toile, & montées ſur gorges & rouleaux, les uns bleu & or , & les autres noir.

RECUEIL

D'ESTAMPES DIVERSES;

GALERIES, Œuvres de différens Maîtres , Suites d'Architecture , &c.

---

489   Suite du Cabinet du Roi , en vingt-trois Volumes.

Les Eſtampes gravées d'après les Tableaux du Roi, au nombre de trente-huit Pieces, dont vingt - quatre avec explication. Ancienne édition, où la Sainte Vierge s'y trouve avant les armes de Colbert. Paris, 1679, 1 vol *in-fol.*

Les Batailles d'Alexandre, d'après Le Brun, par G. Audran & G. Edelinck. De plus, le Plafond de la Chapelle de Sceaux, en 1 vol. *in-fol.*

Médaillons antiques en quarante-une Pieces gravées par La Boiſſiere ; de plus, les Médailles Romaines gravées par Giſſart, & les Monnoies de France, par S. Le Clerc, 1 vol. *in-fol.*

Plans, Elévations, Vues des Châteaux du Louvre & des Tuileries, & ornemens qui en dépendent : par Berain, 1 vol. *in-fol.*

Plans, Elévations & Vues du Château & du grand Eſcalier de Verſailles ; Tableaux de la Voûte & la Galerie du petit Appartement du Roi, d'après Mignard, 1 vol. *in-fol.*

Grotte, Labyrinthe, Fontaines & Baſſins de Verſailles, 2 vol. *in-fol.* dont un *in-8°.*

Statues & Buſtes antiques & modernes : ces deux objets reliés en un ſeul vol. *in-fol.*

Tapisseries du Roi, & Devises, d'après Le Brun, par S. Le Clerc, 1 vol. *in-fol.*

Carrousel, Courses de Têtes & de bagues, avec Discours latin, 1 vol. *in-fol.*

Les Plaisirs de l'Isle enchantée, ou Fêtes de Versailles, 1 vol. *in fol.*

Plans, Elévations, Vues, Coupes & Profils de l'Hôtel Royal des Invalides, 1 vol. *in fol.*

Plans, Profils, Elévations & Vues de différentes Maisons Royales, 1 vol. *in-fol.*

Profils & Vues de quelques lieux de remarque, 1 vol. *in fol.*

Plans & Profils, appellés communément *les Petites Conquêtes*, 1 vol. *in-fol.*

Estampes gravées d'après Vander Meulen, 3 vol. *in-fol.*

Les Campagnes de Louis XIV, d'après Beaulieu, depuis l'année 1643 jusqu'à 1697, 5 vol. reliés en 3.

Explication des Tapisseries, & la Description de l'Hôtel des Invalides, 1 vol. *in-fol.*

Cette Suite est complette & conforme au Catalogue qui y est joint : elle est reliée en veau avec filets & armes du Roi, suivant les différentes grandeurs des Estampes ; ce qui indique la bonne Edition.

SUPPLÉMENT AU CABINET DU ROI.

490 Plantes gravées par ordre du Roi,
d'après le Recueil des Mignatures con-
fervées dans le Cabinet des Planches &
des Eftampes à la Bibliotheque de Sa
Majefté, par Robert Boifs & Chatillon ;
elles font accompagnées de Tables manufcrites, *3* vol. *in-fol.* mar. rouge.

Cet Exemplaire a été donné par le
le Roi à M. le Marquis de Marigny.

VOLUMES D'ESTAMPES.

491 Recueil d'Eftampes d'après les plus célebres Tableaux de la Galerie Royale
de Drefde : Volume Ier contenant cinquante Pieces, avec une Defcription
de chaque Tableau en François & en
Italien.

Exemplaire Royal. Drefde, 1733,
in-fol. carta maxima, relié en carton.

492 La grande Galerie de Verfailles, &
les deux Salons qui l'accompagnent,
peints par C. Le Brun, deffinés par
F. B. Maffé, & gravés fous fes yeux
par les meilleurs Maîtres du tems.

Paris, 1752, grand papier *in-fol.*
maroquin bleu à dentelles.

493 Eftampes gravées d'après les Tableaux
de la Galerie Electorale de Duffeldorff,
accompagnées du Catalogue ou Explication des Eftampes ci - deffus. Bafle,
1778, 2 vol. in-fol. oblong, veau.

494 Soixante-dix neuf Pieces, compofées
& gravées à l'eau - forte par Salvator
Rofe, dont le Supplice de Régulus & de
Policrate, la chûte des Géans, la Suite
des Soldats, &c. anciennes épreuves;
in-fol. maroq. rouge, dentelles.

495 Un volume contenant cent quarante
Eftampes, d'après van Dyck; favoir,
foixante - feize Portraits d'Hommes &
Femmes illuftres, par Vorfterman, P.
Pontius, Hollar, Suyderhoef, Lombard, &c. dont les douze Comtes &
Comteffes : cinquante Sujets facrés &
profanes, d'après le même; & quatorze
autres Sujets par J. Jordaens, & d'après
lui; le tout anciennes & belles épreuves,
& relié dans un grand vol. in-fol.

496 Œuvre d'Hogarth, compofé de foixante-douze pieces hiftoriques & criti-
ques, dont la Suite de la jeune Fille, &
du jeune Homme débauché; celles du
Mariage à la mode, du bon & mauvais
Apprentif, &c. in-fol. veau écaille, d.
f. t.

497 Œuvre d'Hiacynthe Rigaud, compofé

de deux cents vingt-cinq Portraits de
Princes, Seigneurs, Gens de Lettres,
Sciences & Arts, de Princeſſes & Femmes illuſtres, gravés par les Drevets,
Edelinck, Chereau, Daullé & autres
célebres Graveurs. Grand in-fol. maroquin rouge à dentelles. La plupart de ces
Portraits ſont anciennes épreuves & de
la meilleure conſervation.

498 Les Batailles des Chinois, d'après des
Deſſins très exacts & parfaitement conformes au coſtume de cette Nation, en
ſeize pieces gravées par les meilleurs
Graveurs François ſous la conduite de
M. Cochin: cette Suite eſt très-rare; gr.
in-fol. relié en veau.

499 La même Suite en feuilles, & des premieres épreuves, ainſi que celle ci-deſſus.

500 Le Sacre de Louis XV, Roi de France
& de Navarre, dans l'Egliſe de Reims,
le 25 Octobre 1722; in-fol. mar. rouge,
dentelles & armes.

501 Repréſentation des Fêtes données par
la Ville de Straſbourg pour la convaleſcence du Roi, le 5 Octobre 1744, in-fol. mar. rouge, dentelles & armes.

502 Relation de l'Arrivée du Roi au Havre
de Grace, le 19 Septembre 1749, &
des Fêtes qui ſe ſont données à cette

occafion. Paris , 1753 , in-fol. mar.
rouge , dentelles & armes.

503   Fêtes publiques données par la Ville
de Paris à l'occafion des deux Mariages
de Monfeigneur le Dauphin , en Février
1745 & 1747 : tous deux in-fol. mar.
rouge.

504   Defcription de la Place de Louis XV
conftruite à Reims , par le fieur Le
Gendre. Paris , 1765 , in - fol. mar.
rouge.

505   Collection d'Eftampes , d'après les
Maîtres d'Italie & de France , dont les
Planches appartiennent à l'Académie
Royale de Peinture & Sculpture , contenant différents Sujets & Portraits formant cent cinquante-huit pieces , en 3
grands volumes in fol. veau fauve.

506   Recueil de divers Morceaux gravés
d'après plufieurs Tableaux des meilleurs
Maîtres des trois Écoles, par J. P. Le
Bas. Paris , 1746 , épreuves parfaites au
nombre de cent trente-deux pieces gr.
in-fol. veau doré fur tranche.

507   Vingt-fept Portraits en maniere noire
dont la Comteffe de Northumberland ,
le Général Ligonier à cheval. Garryck
entre la Comédie & la Tragédie , l'A-
miral Keppel , &c. gr. in fol. veau
écaille.

508   Les Ruines de Palmyre , autrement
dite Tedmor au défert. Londres , 1753 ,
in-fol. veau.

509   Les Ruines des plus beaux Monuments
de la Grece , par M. le Roy. Paris ,
1770 , 2 volumes in fol. mar. bleu.

510   Les Ruines de Pœftum , autrement
Pofidonia, par M. Dumont. Paris, 1769,
petit in-fol. veau.

511   *Vitruvius Britannicus*, ou l'Architecte
Britannique, contenant les Plans , Élévations & Sections des Bâtiments régu-
liers , tant particuliers que publics, de la
Grande-Bretagne ; par le fieur Campdel.
3 vol. in-fol. veau fauve. Le dernier
porte la date de 1731.

512   Cinq volumes contenant dix-fept cents
quarante-fix pieces , Architecture , Ornements , Trophées , Vafes, différents,
Sujets , &c. par J. & A. Le Pautre ;
in-fol. veau.

513   Architecture de J. Marot , avec une
Table manufcrite ; in-4°. veau.

514   Recueil Élémentaire d'Architecture
compofé par le fieur de Neufforge, Architecte & Graveur. Paris , 1757 , 8 parties en 6 vol. in-fol. veau.

515   Les Œuvres d'Architecture de Pierre

Contant d'Ivry, Architecte du Roi. Paris, 1769, in-fol. veau écaille.

516 Colonna Trajana eretta del Senato e Popolo Romano all' Imperatore Trajano Augusto, nel suo foro in Roma disegnata ed intagliata da Pietro Santi Bartoli. In Roma, in-fol. oblong, parchemin.

517 Musæum Capitolinum Augustorum & Augustarum, Philosophorum, Poëtarum, Oratorum, Virorumque illustrium hermas continens. Romæ, 1750, 2 vol. in-folio. parchemin.

518 Illustri Fatti Farnesiani, coloriti nel Real Palazzo di Caprarola dai Fratelli Taddeo-Federico ed Ottaviano Zuccari, disegnati e col aqua-forti incisi in Rame da Giorgio-Gasparo de Prenner. In Roma, 1748, in-fol. mar. rouge.

519 La Suite des Vues de Venise, par Marieschi; in-fol. broché en carton.

520 Scelta di xxiv Vedute delle principali Contrade, Piazze, Chieze e Palazzi della Città di Firenze; in-fol. veau fauve; & dans le même volume une Suite intitulée: Vedute della Villa ed altre Luoghj della Toscana. La Suite des grandes Vues de Florence indiquées ci-dessus; in-fol. veau fauve.

521 Description du Champ de Mars, par

Piranefe. Rome, 1762, avec explication italienne; in fol. veau marbré; &
dans le même volume, Defcription du
Lac Albano, par le même, accompagné
auffi d'explications italiennes.

522   Della Magnificenza d'Architettura de'
Romani, par le même, &c. avec explication italienne; in - fol. broché en
carton.

523   Carceri d'inventione di Giam-Battifta
Piranefi; in-fol. carton.

524   Vedute di Roma Sul.Tevere, difegnate
ed incife da Guifeppe Vafi. Le Fontane
di Roma, difegnate ed intagliate da
Gio-Battifta Falda.

525   Vedute delle Fabriche, Piazze e Stra-
de fatte fare nuovamente in Roma, &c.
intagliate da Gio-Battifta Falda; 2 vol.
in-fol. veau oblong.

526   Palazzi di Roma, difegnati da Pietro
Ferrerio, Pittore & Architetto; in-fol.
veau.

527   Varie Vedute di Roma antica & mo-
derna, difegnate ed intagliate da celebri Autori. In Roma, 1748, petit in-
fol. veau oblong.

528   Raccolta d' alcune Facciate di Palazzi
e Cortili più riguardevoli di Bologna.
In Bologna, in-fol. carton.

Élévations, Coupes & Profils entiers de la Basilique de Saint-Pierre du Vatican à Rome. Paris, 1763, in-fol. veau.

529 Studio d'Architettura Civile, opera de' più celebri Architetti di nostri tempi, publicata da Domenico de Rossi, la parte prima, 1702; la seconda, 1711; la terza, 1721.

In-fol. relié en carton.

530 Le même Ouvrage, publié à Florence; la premiere partie en 1722, la seconde en 1724, la troisieme en 1728. In-fol. veau.

531 Raccolta di Vasi diversi formati da illustri Artefici antichi e di varie targhe da celebri Architetti moderni. In Roma, 1713, in-fol. veau oblong : & dans le même volume, la Suite des Jardins de Rome, par Falda, en vingt-une pieces.

532 Dichiarazione dei Disegni del Reale Palazzo di Caserta. In Napoli, 1756, avec discours italien; in fol. veau.

533 Un second exemplaire du même Ouvrage, aussi relié en veau.

533 bis Narrazione deile Solenni Reali Feste fatte celebrare in Napoli da sua Maestà il Re delle Due Sicilie Carlo Infante di Spagna, per la Nascita del suo Primogenito Filippo Real Principe delle due Sicilie. In Napoli, 1749, in-fol. veau.

534 Defcrizione delle Fefte celebrate in Parma , per le Nozze del Reale Infante Duca Ferdinando di Borbone , con S. A. R. l'Arciducheffa d'Auftria Maria-Amelia , l'anno 1769. In Parma, in-fol. veau.

535 Recueil de Têtes de caractere & de charges , deffinées par L. de Vinci , & gravées par M. le Comte de Caylus ; 1730 , in-4°. broché en carton.

536 Recueil d'Eftampes gravées à l'eau-forte par M. le Comte de Caylus , d'après les Deffins des plus grands Maîtres qui font au Cabinet du Roi ; in-fol. veau.

537 Recueil d'Efquiffes d'Architecture, re-préfentant plufieurs Monuments de com-pofition dont plufieurs font conftruits par le fieur La Guêpiere. Stuttgardt , in-fol. mar. rouge.

538 Fragments choifis dans les Peintures & les Tableaux les plus intéreffants des Palais & des Eglifes de l'Italie ; pre-miere & feconde Suites , Rome ; troi-fieme Suite , Bologne , gravées dans la maniere du lavis par M. l'Abbé de Saint-Non ; in-4°.

539 Suite de foixante-douze Eftampes gra-vées par Madame la Marquife de Pom-padour , d'après les Pierres gravées de Guay , Graveur du Roi , &c. elle eft

accompagnée d'une explication manufcrite; petit in-fol. veau.

540   La Suite des Figures Iconologiques
compofées & gravées par Huquier; petit
in-fol. oblong; broché en carton.

541   Le Paftel en Gravure, inventé &
exécuté par Louis Bonnet en 1769,
compofé de huit épreuves qui indiquent
les différentes gradations qu'il a em-
ployées pour parvenir à la perfection
de la Planche, avec une explication
manufcrite pour chaque figure; in-fol.
maroquin rouge.

542   Éléments d'Orfévrerie, compofés par
P. Germain. Paris, 1748, 2 parties en
un vol. in-4°. veau.

543   Suite de Vafes, compofée dans le goût
de l'antique, deffinée par J. M. Vien,
& gravée par M. T. Riboul fa femme.
Paris, 1760, in-4°. veau fauve.

544   Collection de Vafes inventés & deffinés par M. de Fontanieu, Intendant &
Contrôleur Général des Meubles de la
Couronne. 1770, in-fol. veau, doré
fur tranche.

545   Recueil de différents Projets d'Architecture, de Charpente & autres concernant la Conftruction des Ponts, par
feu M. Pitron, Infpecteur Général des
Ponts & Chauffées de France. Paris,
1756, in-fol. veau écaille.

546 Différentes Évolutions de Cavalerie, en trente-deux Planches, d'après les Deſſins de Blaremberg, par différents Graveurs; in-fol. veau.

547 Exercice de l'Infanterie Françoiſe; Ordonnance du Roi du 6 Mai 1755, par M. Beaudouin, Colonel d'Infanterie. Paris, 1757, in-fol. mar. rouge.

548 Le Jardin du Roi Louis XIII, ou Recueil de Fleurs, par P. Vallet; in-fol: veau.

549 Monument élevé à la gloire de Pierre le Grand, ou Relation des Travaux & des Moyens mécaniques qui ont été employés pour tranſporter à Péterſbourg un rocher de trois millions peſant deſtiné à ſervir de baſe à la ſtatue équeſtre de cet Empereur. Paris, 1777, in-fol.

550 Plan, coupe & élévation de l'Égliſe Royale & Paroiſſiale de Saint Germain-en-Laye, par Potain; in-fol. mar. rouge.

551 Plans, coupes & élévations de l'Égliſe Royale de Frédéric V, par N. Jardin; 1769, in-fol. veau.

552 Deſcription des trois formes du Port de Breſt, bâties, deſſinées & gravées en 1707, par M. Chaquet. Breſt, 1757, in fol. veau.

553 Nouvelle Méthode d'encaiſſement, par M. Tardif; 1757, in-fol. broché.

Détails d'un Télescope Royal ; in-fol. broché.

554 L'État présent de la Chine, en figures enluminées. Paris, 1697, in-fol. maroquin rouge.

555 Rovine invenzione di Giovan Lorenzo le Geay, Architet, intagliate da lui stesso. In Lucca, 1768, in-fol. carton.

556 Fragments d'Architecture, & Deßins des Croisées qui décorent les Façades du Louvre, par F. Blondel ; in-fol. mar. rouge.

556 *bis* Médailles du Regne de Louis XV, publiées par Fleurimont ; petit in-fol. veau.

557 Les glorieuses campagnes de Louis XV, par M. Gosmond. Paris, 1744, in-4. veau.

558 Recueil de Statues antiques Grecques & Romaines, publié par M. Adam, Sculpteur du Roi. Paris, 1754, in-4. maroq. rouge.

559 Un pareil exemplaire du même Ouvrage.

560 Deux cents quatre-vingt dix Estampes à l'eau-forte, par Et. la Belle ; édition du sieur Fagnani : in-fol. veau.

561 Six cents quinze Estampes, par J. Calliot, publiées par le même ; 2 vol. in-fol. maroq. rouge.

562 Un Recueil contenant quatre cents

quatre-vingt-dix Sujets, Portraits & Vignettes gravés par J. Mariette ; in-fol. veau.

563　Seize Payfages, compofés & gravés par Chedel ; in-4°. broché en carton.

564　Impoftures innocentes, par Bernard Picart. Amfterdam, 1734, in-fol. veau fauve.

565　Recueil de Portraits de Perfonnes illuftres de l'un & de l'autre fexe, recueillis & gravés par les foins du fieur Odievre ; 6 vol. grand in-4°.

566　Trente-quatre Portraits de Peintres & Sculpteurs de l'Académie Royale, par les meilleurs Graveurs François ; in-fol. veau, aux armes du Roi.

567　Jardins François Anglo-Chinois, par Le Rouge, quatre premieres parties ; volumes in-fol. veau, oblongs.

PLANCHES GRAVÉES.

568　Une Suite de foixante-trois Planches, par Madame la Marquife de Pompadour, d'après différentes Pierres gravées par M. Guay, fur les Deffins de MM. Boucher, Vien & autres ; on y a joint un exemplaire dudit Ouvrage, relié en un volume en maroquin rouge.

569　Trois autres, d'après les Deffins de F. Boucher, repréfentant des Enfants.

570

570 Les nouveaux Principes de l'Art d'é-
crire, par le sieur Royllet. Paris, 1731,
in-fol. veau écaille.

571 Une Presse d'Imprimerie en taille-
douce, garnie de ses rouleaux, table &
autres ustensiles, en bois de chêne &
noyer; elle est toute neuve & très-bien
faite.

MEUBLES PRÉCIEUX.

572 Un magnifique Lustre de crystal de
roche, d'un très-beau choix pour la
netteté & la blancheur, monté en cuivre doré d'or mat, à huit branches.
Hauteur 6 pieds, diametre 3 pieds 6
pouces.

573 Deux Girandoles aussi de cristal de
roche montées en bronze doré, à quatre branches chacune. Hauteur 2 pieds
5 pouces, diametre 1 pied 6 pouces.

574 Une Paire de flambeaux supérieurement exécutés, & dorés d'or mat: le
corps représente un homme & une
femme portant chacun un enfant sur
leurs épaules. Hauteur 16 pouces.

H

575 Une autre paire de Flambeaux, composée de figures d'hommes à genoux portant les bobeches. Hauteur 6 pouces. Ils
sont dorés d'or moulu.

576 Une autre paire, dont le corps est en
bronze, & représente, l'un, une femme
montée sur un dauphin ; l'autre, un
Satyre & un tigre ; les pieds & les
bobeches sont en cuivre doré. Hauteur
14 pouces.

577 Un Feu, chaque partie composée de
deux Enfants sur une frise d'ornemens,
& tenant chacun un brandon d'où sort
une flamme ; sur pieds canelés de
bronze doré : les Enfants en couleur
de bronze avec tenaille, pelle, pincette
& mains aussi de bronze doré.

578 Un Feu, chaque partie composée d'un
lion sur socle avec trophées & autres
ornements en bronze doré, tenaille,
pelle, pincette & mains.

579 Autre Feu, chaque partie composée d'un
enfant sur un ornement à rosette, avec
vases à flammes & autres ornements de
bronze doré, tenaille, pelle, pincette
& mains.

580 Un Secrétaire en marqueterie, bois &
ivoire, avec entrées de serrures, mains
& balustrade en argent ; il a été fait aux

Indes, & porte environ 3 pieds & demi de haut.

581 Une Armoire en marqueterie, bois & ivoire, avec nombre de tiroirs, les entrées de ferrures font en argent : il a auffi été fait aux Indes. & porte environ cinq pieds de haut.

Ces deux Meubles font très-précieux, & méritent l'attention des Amateurs.

582 Une Commode chantournée, à paneaux de laque, fond noir & or, fujets de Châteaux & Payfages, ornée d'une tête de lion au milieu, & fur les coins, de têtes de Satyres, frifes, guirlandes & pieds à griffes de Lions ; le tout en bronze doré, avec un deffus de marbre de griotte d'Italie. Hauteur 2 pieds 11 pouces. Longueur 5 pieds 3 pouces 6 lignes. Profondeur 2 pieds.

583 Une Commode en marqueterie, par Boule, à deux tiroirs : elle eft ornée, fur le devant, d'un mafcaron à tête de Satyre, carderons, rinceaux à feuilles d'ornements, moulures, entrées & mains, le tout en bronze doré, avec deffus de marbre de Flandre. Haut. 2 pieds 9 pouces. Longueur 4 pieds 4 pouc. Profondeur 2 pieds.

584 Une Commode en forme de tombeau, à deux tiroirs en marqueterie premiere

partie, à pieds à avant-corps & jambes ; ornée aux quatre coins de têtes de femmes aîlées, moulures, carderons & rinceaux d'ornements, pieds à griffes de lion , &c. Elle eſt couverte d'un marbre quarré à gorge de griotte d'Italie. Hauteur 2 pieds 9 pouces. Longueur 4 pieds. Profondeur 1 pied 11 pouc.

585   Un bas d'Armoire de marqueterie en contre-partie , à trois panneaux , dont deux à glaces ; le milieu eſt orné d'une figure & trophée ſur piedeſtal , demi-relief en moſaïque , orné d'éguieres , moulures, roſettes & calottes en bronze doré , avec deſſus à avant-corps de marbre pareil au précédent. Hauteur 2 pieds 11 pouces. Longueur 4 pieds 8 pouces 6 lignes. Profondeur 16 pouces.

586   Un Cabinet de marqueterie, premiere partie , ouvrant à un battant , & huit tiroirs ſur les côtés , avec un vaſe en forme de lyre dans le panneau du milieu, orné du médaillon de Louis XIV, avec guirlandes de fleurs, petits maſcarons, pieds à griffes , maſcarons à têtes de femmes , ſur ſocle à avant-corps en bois d'ébene , draperies en forme de guirlandes, & deſſus de marbre pareil aux précédents. Hauteur 2 pieds 11 pouces. Longueur 2 pieds 4 pouc. 6 lig. Profondeur 18 pouc.

587 Deux coins en marqueterie, en contre-
partie, ouvrant à un battant, orné de
chapiteaux, mafcarons, moulures, ro-
fettes & carderons en bronze doré,
avec deffus de marbre pareils. Hauteur
2 pieds 9 pouces. Largeur 1 pied 11
pouces 6 lig. Profondeur 15 pouc.

PORCELAINES DIVERSES

DE CHINE, DU JAPON,

DE FRANCE, &c. &c.

588 Deux Vafes, forme d'Eguieres, de
porcelaine d'ancien la Chine en bleu
célefte, portant chacun 13 pouces de
haut, comprife la garniture de bronze
doré.

589 Deux autres idem, forme de caffo-
lettes, accompagnés chacun de deux
petits perroquets & de fleurs de même
porcelaine; ils portent 10 pouces de
haut, avec la garniture de bronze
doré.

590 Une garniture de cheminée de cinq
beaux vafes, couleur de lapis, à
deffins tracés en or, dont trois urnes
avec lions fur le couvercle, & deux
cornets d'environ 20 pouces de haut,
auffi de la Chine.

H iij

591 Quatre grands rouleaux idem, couleur de lapis ; Cartouches à modeles & Eventails à deſſin fond bleu, garnis de bords & pieds, à gaudron en bronze doré de deux pieds & demi de haut.

592 Deux Rouleaux de Porcelaine de la Chine, couleur de lapis, avec Cartouches, Oiſeaux & Feuillages, de 16 pou. de haut.

593 Deux Cornets de même Porcelaine colorée, à huit pans, à Cartouches, Feuillages & Oiſeaux, de 16 pouces.

594 Deux Vaſes en forme de liſbets à pance ronde, auſſi de la Chine, tracés à petits deſſins, ſur pieds d'ancien goût en bronze doré, de 18 pouces de haut.

595 Deux grand rouleaux d'ancienne Porcelaine de la Chine, avec bandeau en Moſaïque à modeles & grandes pagodes, garnis de calottes, & pieds à conſoles d'ancien goût en bronze doré, de 3 pieds de haut.

596 Deux très grandes Urnes de nouveau la Chine, de 4 pieds de haut, avec Lion grouppé ſur le couvercle, fond bleu à deſſin tracé en or ; Panneaux & Cartouches à pagodes, poſés ſur des fûts de colonnes cannelées, en bois d'Acajou.

597 Deux très grands Pots à oille de même genre, de 22 pouc. de diamètre, avec maſcarons & anſes.

598 Deux Bouteilles de Porcelaine de même genre à doublets, fond verd gauffré, à panneaux découpés à jour, & anfes à dragons prifes de relief, de 12 pouces de haut.

599 Quatre autres idem à lézards pris de relief dans la Porcelaine, de 15 pouc. de haut.

600 Quatre Vautours de Porcelaine de la Chine, fond brun, dont trois montés fur des pieds tournés en bois doré, 21 pouc. de haut.

601 Deux Cigognes en Porcelaine de la Chine, colorée, de 19 pouc. de haut, mêmes pieds que les précédens.

602 Une grande Jatte de Porcelaine de la Chine, fond bleu, à deffin en or, de 13 pouc. de diamètre, fur fon plat de 20 pouc. tracés de même forte.

603 Deux Jattes de Porcelaine de nouveau la Chine, colorée, de 11 pouces de diamètre.

604 Un Plat creux de même forte & diamètre.

605 Deux Lions de 13 pouc. de haut, y compris leurs pieds, en Porcelaine de la Chine.

606 Trois Urnes de 15 pouc. de haut, fond brun à deffins de pagodes tracés en or.

H iv

607　Quatre Bouteilles à longs gouleaux de même genre, & deux Cornets idem.

608　Trois fortes Urnes d'ancien Japon à sujets d'Animaux & touffes de feuillage, avec pagodes au-dessus prises de relief, de 3 pieds de haut.

609　Une autre grande Urne à huit pans, aussi du Japon, à pagodes; Cartouches & Châteaux, avec coq sur le couvercle, de même grandeur que les précédentes, montée sur un pied rond cannelé en bronze doré.

610　Deux autres grandes Urnes superbes, aussi d'ancien Japon, en forme de lisbets, fond bleu couleur de lapis, à dessins tracés en or; Cartouches fond blanc à sujets de pagodes, & Châteaux ornés de gorges à consoles & guirlandes, montées sur de riches pieds à avant-corps en bronze doré, de 3 pieds de haut.

611　Deux Cornets de Porcelaine colorée du Japon à dessin à bouquets, & Modeles garnis de gorges & riches pieds à feuilles d'eau en bronze doré, de 18 pouc. de haut.

612　Deux autres Cornets, aussi du Japon, à modeles, cartouches & pagodes, posés sur des pieds quarrés & cannelés, en bronze doré, de 2 pieds & demi de haut.

613　Une petite Urne d'ancien Japon, forme de lisbet, de 2 pieds de haut, couleur de lapis à deſſins tracés en or, cartouches fond blanc à ſujets de pagodes & châteaux, garnie de gorge à conſoles, couvercle & pied à tord de laurier en bronze doré.

614 Deux Cornets de porcelaine de nouveau Japon ; ils ſont un peu mutilés.

615 Quatre Rouleaux à pagodes idem; dont un endommagé.

616 Deux Cornets de porcelaine du Japon à ſujets de châteaux, animaux & feuillages, de deux pieds de haut.

617 Quatre autres Cornets pareils, de 16 pouc. de haut.

618 Deux Aigles de porcelaine, coloriée du Japon, montés ſur de riches pieds à guirlandes & griffes de Lions, en bronze doré de deux pieds de haut.

619 Trois grands Plats à cartouches, deſſins, oiſeaux & roſettes, de 22 pouc. de diamètre ; de même ſorte.

620 Deux autres de même ſorte, de 15 pouc. de diamètre.

621 Quatre moyens Plats de même ſorte, à cartouches & modelés, de 13 pouc. de diamètre.

622 Un Sceau de porcelaine de Seve, fond bleu à cartouches & fleurs , avec guirlandes en or demi relief , de 13 pouc. de diamètre deſſous ſa jatte , de même eſpece, de 9 pouces.

623 Cinq petits Sceaux à raffraichir en pareille porcelaine , de différentes formes & grandeurs.

624 Deux Vaſes couverts formant pots pourris à fleurs naturelles de 9 pouces de haut , auſſi de porcelaine de Seve.

625 Un autre Vaſe plus petit avec anſes de relief priſes dans la porcelaine.

625 bis. Un Vaſe en forme de navire , de même porcelaine de Seve , à cartouches fond bleu & fleurs naturelles , de 17 pouces de haut ſur 14 de long.

626 Un petit Broc dans ſa jatte de même porcelaine , avec deſſin en moſaïque & bouquets de fleurs.

627 Un autre idem tracé en petit deſſin bleu , en guirlandes.

628 Une Ecuelle couverte ſur ſon plateau , avec ſujets d'enfans en camayeux rouge.

629 Une autre Ecuelle, auſſi ſur ſon plateau feſtoné, de même porcelaine de Seve , tracée à petits deſſins bleu ſur fond blanc.

630 Un petit Déjeûner de même genre, lequel eſt compoſé d'une théiere, d'un ſucrier, d'une taſſe avec ſa ſoucoupe, & d'un pot à lait, ſur un plateau feſtoné.

631 Un autre Déjeûner compoſé d'une théiere, d'un ſucrier couvert ; d'une taſſe à deux anſes, d'une autre taſſe ſans couvercle, toutes deux avec leurs ſoucoupes, ſur un plateau à bord feſtoné ; le tout tracé en moſaïque & petit deſſin à fleurs naturelles.

632 Un autre Déjeûner en porcelaine blanche avec bords ſurdorés, contenant ſix pieces ſur un plateau pareil & feſtoné ; ſavoir, une théiere garnie en or, ainſi que la boîte à thé en vermeil ; deux taſſes, un pot à lait & un ſucrier.

633 Une petite taſſe en moſaïque fond lilas avec cartouches, ſujets d'enfans & payſages, ſur ſon plateau quarré de même porcelaine.

634 Un Pot à lait couvert avec anſe en porcelaine blanche à petit deſſin bleu en fleurs, avec les bords ſurdorés.

635 Un petit Pot à lait à bec, dans ſa jarte, de 6 pouc. de diamètre, à petit deſſin d'animaux, payſage & fleurs, avec bords ſurdorés.

636 Trois Taſſes couvertes avec leurs ſoucoupes de différens deſſins.

637 Une Théïere à petit deſſin demi relief, en figures, garnie d'un bec d'or avec une chaîne.

638 Cinq pieces, une Théïere, un Pot à lait, un Sucrier, une Boîte à thé, dont le bouchon eſt garni en vermeil, & un pot à oignons en porcelaine blanche à fleurs & oiſeaux.

639 Un Vaſe de la Manufacture de Seve, & un Pot à lait couvert, d'une autre eſpece.

640 Un Sucrier couvert à cartouches demi relief avec grouppes de figures.

641 Une jolie Boîte à thé, dont le bouchon eſt garni en vermeil, avec guirlandes de fleurs, oiſeaux & payſage.

642 Deux petites Taſſes ſans anſes ſur leurs ſoucoupes, & un Pot à lait à anſe ſur ſa ſoucoupe ; & de plus, ſix autres Taſſes de même porcelaine à fleurs, avec anſes & ſoucoupes : les neuf pieces ci-deſſus avec bords ſurdorés.

643 Un petit Pot à ſucre couvert, ſur ſa ſoucoupe, à guirlandes & fleurs en moſaïque ; & une petite Taſſe de même genre & anſe, ſans ſoucoupe.

644 Deux Taſſes en forme de ſceau, avec leurs ſoucoupes à petit deſſin demi relief.

646 Deux Tasses avec leurs foucoupes,
une Théiere & un Sucrier en porcelaine
de Seve, fond or à deffins de fleurs
coloriées.

647 Le Bufte de Louis XV en bifcuit,
d'un pied de haut.

648 Douze groupppes de petites figures de
même genre.

649 Deux Médaillons d'Henri IV & Sully
idem, dans des bordures de bois de
poirier.

650 L'Autel de l'Amitié, auffi en bifcuit
de Seve, auprès duquel eft une jeune
fille debout tenant de la main droite
deux cœurs. Hauteur 11 pouces,
compris le focle quarré en porcelaine.

651 Une Nymphe de Diane affife tenant
un arc de la main droite, de même
grandeur & pied pareil au précédent,
couverte d'un bocal de verre.

652 Une Femme debout fortant du bain;
elle tient de la main droite une draperie, auffi en bifcuit de Seve, de 13
pouces de haut, non compris fon focle
pareil aux précédens.

653 L'Amour affis fur un nuage, portant
le doigt fur fa bouche pour impofer le
filence, exécuté de même grandeur que
le numéro 206 de Falconet, en por-

celaine de Seve, posé sur un pied de porcelaine cannelé , peint en verd & or , dessous un bocal de verre

654 Deux petits Réchauds de porcelaine à odeurs , garnis d'argent , avec des manches noirs.

655 Cinq Plateaux , deux Pots-pourris, trois Carafes à mettre des fleurs.

656 Neuf petits Pots couverts, propres à mettre, crême, &c.

657 Une Ecuelle avec son plateau.

658 Sept Jattes , six brocs, dont un à fleurs, les autres blancs.

659 Deux Théieres , quatre Pots à lait.

660 Douze Tasses, avec leurs soucoupes, de différentes grandeurs.

661 Deux grandes Théïeres à panneaux découpés à jour, en terre d'Angleterre.

662 Deux Tasses couvertes avec leurs soucoupes, un Gobelet aussi avec sa soucoupe.

LAQUE.

663 Deux Urnes d'ancien laque, fond noir, mosaïque en or , avec couvercles à pans & facettes de 13 pouces de haut sur 8 de large; elles viennent du Cabinet de M. de Boisset.

664 Une Boëte à thé, en nouveau laque, de 9 pouces fur 5 de large.

BIJOUX PRÉCIEUX

DE DIFFÉRENTES ESPECES,

BAGUES, PIERRES GRAVÉES, &c. &c.

665 Un Néceſſaire en argent contenu dans deux coffres longs très propres, entourés de cercles de cuivre, garnis en dedans de taffetas bleu, avec tous les compartimens néceſſaires pour y placer les pieces ci-après énoncées, un plat à barbe, un pot à l'eau, une caffetiere, trois gobelets, dont un couvert, avec manche d'ébene; deux boîtes à favonnette, deux pots à pattes, un couteau, une veilleuſe, un entonnoir, une ſonnette, un bougeoir, une boîte à thé, deux cuillers & deux fourchettes; en tout vingt pieces.

666 Un Réchaud à l'eſprit-de-vin, de 7 pouces de diametre avec la bouillotte, d'un très-joli modele, le tout en vermeil; ce morceau eſt un bijou précieux.

667 Une petite Boîte à thé, de 4 pouces de haut, auſſi en vermeil.

668 Deux petites Cuillers à thé, aussi en vermeil.

669   Deux Flacons de toilette, en cryftal, avec leurs bouchons en vermeil.

670   Une petite Boîte, percée de trous, à infufion de thé, aussi en vermeil, d'un pouce & demi de haut.

671 Une grande Bouillotte, de 7 pouces de diametre, en argent.

672 Une Théïere, deux Boîtes à thé & à fucre, une petite Eguiere, une Pincette à fucre, trois Cuillers & un Filet à paffer le thé; le tout en argent.

673   Un Sucrier, en forme de vafe, à jour, avec anfe d'argent.

674   Une petite Boîte ronde de 2 pouces de diametre, fur 2 pouces & demi de haut, en filigrane d'argent, & une Pincette à fucre de même.

675   Un petit Réchaud à l'efprit-de-vin, de 3 pouces de diametre, aussi en argent.

676   Un autre petit Réchaud idem, en argent.

677   Un Éteignoir à reffort en argent.

678   Un Encrier & Poudrier en argent, fur un plateau de nouveau laque.

679   Quatre Ecritoires de 7 pouces fur 5 de large; elles font garnies de leurs cornets

nets & poudriers de cryſtal couverts en argent d'Angleterre.

680   Un Encrier & une Poudriere en argent renfermés dans un coffre en ſatin & paille , ſervant d'écritoire.

---

681   Une Cornaline , d'un pouce en ovale, ſur laquelle eſt adaptée le médaillon de Louis XV en agate, dans une bordure en or.

682   Une autre Cornaline gravée en creux, repréſentant deux Têtes intéreſſantes.

683   Le Portrait de Louis XV, Agate onix camée, entourée de roſes & de deux brillans ſur les corps.

684   Autre Portrait de Louis XV, auſſi d'agate onix camée, par M. Guay. Il eſt entouré de roſes.

685   Tête de Negre , Agate onix camée.

686   Autre Tête de Negre , auſſi agate onix camée.

687   Une Tête d'Enfant, cornaline camée.

688   Un Portrait de Femme vue de profil, Cornaline onix camée; elle eſt entourée de brillans.

689   Apollon couronnant le Génie de la Peinture & de la Sculpture ; cornaline d'ancienne roche , gravée en creux par M. Guay. Elle eſt montée en or , avec entourage de roſes , & eſt indiquée au

I

volume des Eſtampes gravées par Madame de Pompadour, N° 568.

690　Jupiter Olympien ; Sardoine antique ,
de forme octogone, montée en or.

691　Perſée portant la tête de Méduſe ;
Cornaline onix , montée en or.

692　Cupidon & Pſiché ; Sardoine , gravée
en creux.

693　Une Agate arboriſée d'Orient ; elle
eſt très-nette , bien développée , & entourée de roſes & de brillans.

694　Une autre Cornaline d'ancienne roche
de 18 lignes en ovale , ſur laquelle eſt
adaptée un buſte de jeune Fille d'un
agréable proſil en agate , dans une
bordure de bronze doré.

695　La même Tête en biſcuit de même
grandeur , ſur un verre de compoſition
couleur de lapis , dans une bordure de
bronze doré.

696　Un morceau de cryſtal de roche renfermant des aiguilles de Schorl formant
étoile , monté en or , & accompagné de
deux brillans jaunes.

697　Une Turquoiſe d'ancienne roche, avec
double entourage de roſes de Hollande.

698　Une Malachite à cercles, onix , formant
l'œil ; elle eſt montée en or.

699 Une Gerbe en cheveux fur fond de nacre, & un anneau d'or.

700 Une Bague en or, avec Pierre blanche arborifée.

701 Une autre Bague en or, avec la Vue du Château de Ménard, à la plume.

702 Une petite Boîte contenant des Empreintes en foufre de diverfes pierres gravées.

703 Un petit Calendrier, en forme de bracelet, avec cercles & anneau d'or.

704 Un petit Flacon de poche en aventurine, avec bouchon, gorge & chaîne d'or.

705 Un Canif, dont le manche eft une main en ivoire tenant un poinçon. Il eft garni en argent.

TABATIERES.

706 Une Boîte quarrée en laque, doublée d'or, avec une précieufe Mignature repréfentant Vénus & l'Amour, par la Rofalba.

707 Autre Boîte d'or quarrée à huit compartimens en émail, repréfentant différens Sujets d'Enfans dans des Payfages.

708 Autre Boîte quarrée en or, avec deux Sujets en mignature, dont l'un repré-

sente une jolie Femme à sa toilette ; elle reçoit une lettre.

709   Autre Boîte d'or quarrée, avec deux Mignatures par Klingstel ; elles représentent un jeune homme qui tient un verre, & paroît demander à boire à une jeune & jolie fille ; l'autre, un homme assis, & qui caresse une belle femme.

710   Une Boîte quarrée en Burgot, doublée d'or ; elle est enrichie du médaillon de Louis XV sur un faisceau d'armes, & sur piedestal de lapis ; les côtés & le dessous représentent différentes fortifications & instrumens de guerre.

711   Une Boîte d'or à six compartimens, de forme ovale, ornée de six Sujets de Fable en mignature, & renfermant le portrait de Monseigneur le Dauphin Pere de Louis XVI. La Boîte faite par Roucel, & les Mignatures par Beaudouin.

712   Autre Boîte d'or, de forme ovale, aussi à six compartimens, qui renferment autant de Vues du Château de Ménard ; elles sont peintes à gouache par M. Pérignon.

713   Autre Boîte d'or, quarrée, à huit compartimens, ornés de Mignatures représentant des Marines & Paysages, enrichis de beaucoup de figures, par Blaremberg.

714 Autre Boîte d'or , quarrée , ornée de huit compartimens en émail , repréſentant les différens Génies des Arts ſous des figures d'enfans.

INSTRUMENS DE PHYSIQUE,

MÉCANIQUE,

ET AUTRES OBJETS DIVERS.

715 Deux grands Globes céleſte & terreſtre , de 3 pieds & demi de diametre , ornés de cercles & pivots en cuivre , montés ſur des pieds de bois d'acajou à colonnes.

716 Deux anciens pieds de bois doré , qui portoient précédemment les Globes ci-deſſus.

717 Quatre Spheres & Globes de 20 pouces de haut , en carton , ſur leurs pieds de bois noirci.

718 Un Téleſcope en cuivre & chagrin noir, dans ſa boîte de bois, de 18 pouces de long.

719 Un autre Téleſcope en cuivre de 2 pieds , dans ſa boîte.

720 Une Boîte quarrée d'environ 10 pouces , en bois de rapport & à compartimens, contenant divers Outils de Ma-

thématique en argent, Porte-crayon ;
Compas, Regle, Equiere, &c. & deffous un Affortiment de couleurs pour la
détrempe & quelques Pinceaux ; cette
Boîte ferme à clef & avec fecret.

721   Un Microfcope avec fes dépendances,
en cuivre, d'un pied de haut, fur fon
pied quarré de bois noirci.

722   Un Cylindre avec douze différentes
figures en carton.

723   Un Optique en boîte avec fes verres,
& beaucoup de Vues enluminées.

724   Une Lanterne magique, avec fa boîte,
garnie de douze verres, fur lefquels
font repréfentés divers Sujets amufans.

725   Une Lunette d'approche de trois pieds
de long, par Paffement, dans un étui
de velours cramoifi.

726   Une Chambre noire, munie des uftenfiles néceffaires, dans fa boîte de
noyer, & montée fur une table à quatre
pieds de 26 pouces fur 20 de large.

727   Une Prifme de verre dans fon étui,
& une petite Bouffole.

728   Un Niveau en cuivre.

729   Un Miroir concave, de 32 pouces de
diamètre, fur fon pied garni de bronze
doré.

730   Une Machine Pneumatique en cuivre,

avec les pieces propres à faire les expériences sur le son, le feu & la lumiere, dans le vuide, & toutes les dépendances en verres, &c.

731   Un Fourneau de lampe en cuivre, avec les cornues, matras, cucurbites, chapiteaux & réfrigérans.

732   Un Quart-de-cercle horizontal & vertical, par M. de Caffini, supérieurement exécuté en cuivre de 12 pouces de proportion, dans son étui en bois, & doublé d'étoffe.

733   Un Odometre propre à placer dans une voiture, pour en mesurer la marche ; il est en cuivre, & enfermé dans sa boîte, avec un verre.

734   Un Barometre & un Thermometre, chacun dans leurs bordures de bois doré & en couleur.

735   Autre Barometre, dans sa bordure de bois doré.

736   Une Romaine ou grand Pezon, en fer poli, monté sur son chassis en bois de chêne, de 6 pieds de haut.

737   Une petite Paire de Balances, & des Poids, propres à peser l'or & l'argent monnoyé, dans une Boîte de noyer.

738   Une Toise de ruban de peau, enfermée dans une Boîte ronde de 4 pouc. de diametre, & un double pied en buis.

739 Une Aulne de Paris, en bois d'ébene, garnie d'argent par les extrémités.

740 Les Polyédres & corps folides de la Géométrie ; comme, tetraëdre, octaëdre, exaëdre, cube, &c. en plus de 50 pieces, compris les parties d'une voûte plate ; le tout très-bien exécuté en bois de poirier.

741 Un Modele de Mouton pour frapper des pieux, avec fa tenaille, de 30 pouc. de haut.

742 Autre Modele de Mouton Anglois à tenaille & decris.

743 Un autre de Pompes foulantes & afpirantes mues par une roue à eau.

744 Autre Modele de Pompe foulante & afpirante, qui peut être conduite par deux hommes ou deux chevaux.

745 Un Modele de Levier brifé pour élever une vanne avec un verrouil à contre-poids, de l'invention de M. Laurent.

746 Un autre modele de Moulin à fcier.

747 Divers autres Modeles en petit, de grues, chevre, cabeftan, treuil, &c. en bois d'Acajou, exécutés avec foin & précifion.

748 Six Machines en bois d'Acajou d'un pied en quarré, avec poulies & moufles en cuivre, deftinées à en démontrer les effets.

749

749 Une Machine de même bois & grandeur, avec bafcule & mouvemens en cuivre, fervant à démontrer la chûte des corps fur les plans inclinés.

750 Le Modele en petit de la table à manger qui fe voit dans le petit Château de Choify, de 27 pouces de long fur 16 pouces de large.

751 Un modele de Cheminée tournante, en bois d'Acajou d'environ 2 pieds, avec la plaque en cuivre.

752 Un Modele de Chariot pour tranfporter des ftatues de bronze ou de marbre, de 18 pouc. fur 9 de large ; & trois autres petits Modeles fervant à tranfporter des terres pour les ponts & chauffées.

753 Le Modele en carton de l'Elévation de la grande Colonade & du Périftile du Louvre, de 8 pouc. d'élévation fur 5 pieds de long.

754 Un petit Modele de Table à deffus ployant, en bois de rofe, de 7 pouc. fur 5 de long ; & un Souvenir en bois d'Acajou.

755 Le Modele en bois d'un Moulin à vent, avec tous les mouvemens nécef-faires, très-bien exécuté par M. Perier. Hauteur 3 pieds.

756 Un Chapelet de onze gros grains d'agate garni en or, avec une petite

K

Médaille d'or repréfentant N. S. & la Sainte Vierge.

757   Seize gros grains de Chapelet de lapis.

758   Vingt-un petits morceaux de Corna-line, & fept petites bordures ovales en écaille pour mettre des miniatures.

759   Un Œil de cryftal imitant le naturel, pofé fur un pied en ivoire, dans un étui en forme de lunette, en bois de noyer.

760   Seize petites barres aimantées, & montées fur un chaffis de fer & cuivre, de 6 pouc. fur 4 & demi de haut.

761   Une petite Pierre d'aimant montée en cuivre, avec anneau & chaîne.

762   Deux étuis contenant des morceaux de fonte de la même matiere que la ftatue équeftre de Louis XV.

763   Deux petites Plaques de cryftal de roche, dont une ovale, l'autre quarrée.

764   Plufieurs morceaux de cryftal & échan-tillons de marbre, & autres différens objets qui feront détaillés.

765   Un morceau d'étoffe ou toile fabri-quée dans l'Ifle de Taiti ; elle porte près de deux aulnes de large.

766   Un Coco des Manilles ; un grand nom-bre de bâtons d'ourfin.

767 Diverses boîtes & uftenfiles nécef-
faires à différens jeux amufans, de l'invention du fieur Guyot ; favoir , le jeu
des bouquets ; de trois étuis , de l'ora-
cle , des métaux , des chiffres , des énig-
mes , des queftions , du Peintre & du
Sorcier.

768 Un Jeu de Loto avec fes cartons ,
jettons , &c. dans une boîte en bois de
rapport.

INSTRUMENS DE MUSIQUE

ET DE GUERRE.

769 Un Fortè Piano de 5 pieds & demi
de long , en bois d'Acajou.

770 Un Orgue portatif, auffi en bois d'A-
cajou , d'environ 6 pieds fur 4 de large.

771 Deux Violons avec leurs archets, dans
un étui.

772 Un Clavecin d'un très-bon Auteur ;
en bois d'Acajou.

773 Un grand Sabre de *Damas* ; il eft
garni d'argent, dans fon fourreau auffi
garni d'argent.

774 Deux petits Canons en bronze , de
12 pieds de long , montés fur leurs
affuts de bois d'Acajou.

775   Divers objets de curiofité, qui feront divifés.

F I N.

Lu & approuvé ce 18 Décembre 1781. RENOU, pour M. COCHIN.

Vu l'approbation, permis d'imprimer ce 20 Décembre 1781. LE NOIR.

De l'imprimerie de PRAULT, Imprimeur du Roi, Quai de Gêvres.